AF452192

Des Goûts
& des Couleurs...

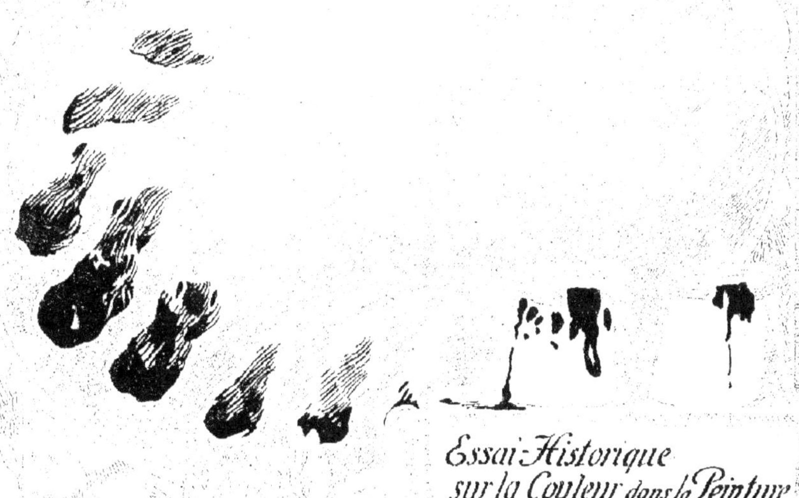

Essai Historique
sur la Couleur dans la Peinture
Française

MAISON DE LA BONNE PRESSE, 5, RUE BAYARD, PARIS

ABEL FABRE

PAGES D'ART CHRÉTIEN

4 volumes, grands in-8° de chacun 128 pages à deux colonnes, richement illustrés de 300 reproductions photographiques. Chaque vol. sous élégante couverture en couleurs, broché, 1 franc; port, 0 fr. 20. Relié toile imitation bois, 1 fr. 50; port, 0 fr. 30. Les 4 volumes brochés, 4 francs; port, 0 fr. 50. Reliés, 6 francs, port, un colis de 3 kilos.

1re série (parue en 1910). — 100 photogravures.

Images du Christ : *essai d'iconographie, du « Bon Pasteur » des Catacombes au « Sacré-Cœur » moderne.* — Le Crucifix : *sa représentation à travers les âges.* — Vierges et Madones : *représentation de la Vierge Marie, des Catacombes à nos jours.* — Fra Angelico : *sa valeur artistique au point de vue technique, la chapelle de Nicolas V au Vatican.* — Saint-Pierre de Rome et Notre-Dame de Paris : *parallèle entre l'architecture classique et l'architecture gothique.* — La Généalogie des cathédrales françaises : *étapes du développement architectural de la période gothique (xiie-xve siècle).* — Nouveautés sur le gothique : *Origines anglaises du style flamboyant. La déviation de l'axe des églises. Evasement des nefs gothiques.* — Le Gothique du Midi.

2e série (parue en 1911). — 90 photogravures.

De Giotto à Raphaël : *évolution de la peinture italienne de 1304 à 1510.* — Les Madones de Raphaël. — Michel-Ange peintre de la Sixtine. — La légende de sainte Ursule et des onze mille vierges, par Memling et Carpaccio. — Les rois Mages d'après les artistes : *des Catacombes à Fla drir.* — Les portails imagés : *étude architecturale, sculpturale et iconographique des portails des cathédrales.* — Le Rêve de l'Imagier : *la Sainte-Chapelle de Paris, et Notre-Dame de Salut.*

3e série (parue en 1912). — 120 photogravures.

Iconographie des Anges : *des premiers siècles à Maurice Denis.* — Les Primitifs français : *Y-a-t-il eu, en peinture, des Primitifs français ?* — Histoire de l'Autel (*avec une liste de 270 monuments les plus caractéristiques catalogués par ordre chronologique du ii° siècle à nos jours*). — Du Néo-Gothique au Moderne : *cinquante ans d'architecture religieuse (1850-1900).*

4e série (parue en 1913). — 80 photogravures.

La Filiation d'Ingres : Histoire de la peinture religieuse décorative en France au xix° siècle. I. *Ingres et sa doctrine.* — II. *Orsel, Périn et Roger.* — III. *Les élèves d'Ingres.* — IV. *Hippolyte Flandrin.* — V. *Th. Chassériau.* — VI. *Overbeck et l'Ecole de Beuron.* — VII. *Puvis de Chavannes.* — VIII. *La réaction coloriste : Henri Martin, Ferdinand Humbert, Albert Besnard.* — IX. *Quelques églises : Le Sacré-Cœur de Montmartre, Lourdes, Fourvière, Oullins, Versailles (chapelle des Augustines), La Madeleine, Notre-Dame de France à Jérusalem, etc.* — X. *Maurice Denis.*

QUELQUES APPRÉCIATIONS

De la *Chronique des Arts*, supplément de la *Gazette des Beaux-Arts, (février 1911, 1913)* :

« Nous avons signalé ici même, au fur et à mesure de leur apparition dans le *Mois littéraire*, quelques-unes des études qui composent cet intéressant et instructif recueil..... Toutes ces pages, qui témoignent d'une érudition sérieuse, d'une étude attentive et pénétrante des monuments, sont enrichies de nombreuses illustrations à l'appui des démonstrations du texte..... »

« Avec la même érudition, le même agrément de présentation, M. A. Fabre aborde, dans cette 3e série, de nouvelles questions d'histoire et d'iconographie particulièrement intéressantes..... »

De la *Revue du Clergé français (octobre 1911)* :

« Nos lecteurs savent déjà que M. Abel Fabre est un artiste et un écrivain de goût très sûr en même temps qu'un archéologue très érudit. On ne saurait trop recommander ses études aussi agréables que pénétrantes. »

De M. *Francis Vincent* (*Revue pratique d'Apologétique, mai 1912, avril 1913*) :

« ..... Ne manquons pas de lire les volumes de M. Fabre. Ses études sont superbement éditées, avec une illustration extrêmement soignée. Il est clair que l'auteur connaît son sujet, et il s'y promène avec une aisance qui dispense de tout effort son lecteur même non initié..... Ces *Pages d'Art* ont toute la solidité d'un manuel et tout l'agrément d'une étude d'amateur lettré. »

« ..... Je ne sais si l'on avait encore, parmi nous catholiques, vulgarisé la critique d'art avec une aussi aimable aisance et une telle lucidité de jugement..... Le critique qui manie la plume avec cette fermeté n'est pas seulement un théoricien d'art excellent, mais un pur écrivain. Quand on domine ainsi sa matière et qu'on l'étreint avec cette sûreté, quand on sait de la sorte aérer un sujet, en élargir les horizons par le jeu pertinent des idées générales et des comparaisons, on peut être inscrit, pour sa partie, au *Livre de maîtrise*..... »

De M. *C. de Suplicy* (*Bulletin de Littérature ecclésiastique*, de l'Institut catholique de Toulouse, *janvier 1913*) :

« ..... Parmi les livres traitant de l'Histoire de l'Art, ces séries occupent une place toute particulière..... Le lecteur curieux y trouvera des études intéressantes, pleines de détails généralement ignorés ou que l'on ne découvrirait qu'épars dans de nombreux recueils..... Ces études, modèles de clarté et de grâce, cachent sous une forme souple et élégante une documentation très sérieuse..... Un des attraits de ces études — non le moindre — est que, là

où il ne s'attendait à trouver que de la critique, le lecteur rencontrera des pages d'une psychologie délicate..... Le texte est fleuri de belles images qui pourraient, à elle seules, former une anthologie d'art, un précieux album mais qui fournissent ici les références et les illustrations destinées à mieux faire comprendre le texte. La Maison de la Bonne Presse a édité ainsi, pour un prix minime, une œuvre réellement et sainement artistique, des *Pages d'Art* que l'on souhaiterait de voir lues et feuilletées, non seulement dans les presbytères ou les Séminaires, mais dans toutes les familles, surtout chrétiennes, où on s'intéresse aux questions d'art et d'histoire, aux manifestations du goût et de la beauté. »

De M. *André Pératé*, conservateur-adjoint du Musée de Versailles (*Polybiblion, mai 1913*) :

« Je voudrais voir dans les mains de tous les jeunes gens et de toutes les jeunes filles qui s'intéressent à l'art les excellentes *Pages d'Art chrétien*, de M. Abel Fabre. Si un recueil mérite vraiment le nom de populaire, c'est bien celui-là : accessible à tous par un prix étonnamment modique, séduisant au possible par une illustration photographique de la plus haute valeur, enfin et surtout recommandable par un texte où la science la plus sérieuse et la plus sûre se fait tout aimable et gracieuse..... Ces études nous montrent en l'auteur un artiste en même temps qu'un vulgarisateur fidèle aux plus saines traditions, mais que les nouveautés n'effrayent point si une piété sincère les inspire. Demandons-lui de continuer pour notre profit et notre joie l'œuvre si intelligemment entreprise, et souhaitons cordialement son grand succès. »

Du *Trait d'Union* (de Marneffe [Belgique], *juillet 1913*) :

« ..... Ce n'est pas une histoire de l'art menée d'une façon didactique; ce ne sont que des *pages*, mais des pages substantielles à travers lesquelles court, comme en se jouant, une plume de savant et d'artiste. Le style en est clair, intéressant, plastique même en mainte conclusion; les gravures sont nombreuses et font vraiment corps avec le texte..... Ces pages peuvent être grandement utiles à nos jeunes gens pour leur formation esthétique..... »

De M. *Louis Dimier* (*Action française, octobre 1913*) :

« ..... Ce qui distingue ces études, c'est un très grand bon sens en une exacte information. L'auteur se tient au courant de l'inédit publié par les historiens de l'Art et des théories émises par les antiquaires. Tout cela chez lui est passé au crible d'une réflexion qui cherche ses contacts dans le sentiment général. Ainsi la lecture est des plus profitables. Peu de systèmes et beaucoup d'instruction..... »

GABRIEL MARRI

DES GOUTS

ET DES COULEURS...

Essai historique sur la couleur dans la peinture française

70 ILLUSTRATIONS

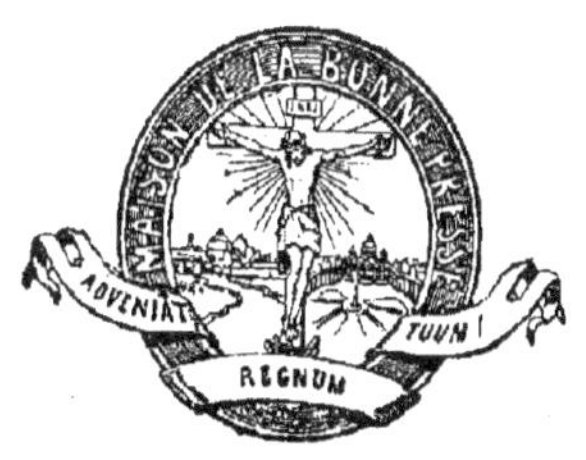

PARIS - BONNE PRESSE

5, Rue Bayard, 5

1915

AU LECTEUR

En écrivant pour le *Mois littéraire et pittoresque* ces articles que je vois aujourd'hui rassemblés en un petit volume, je n'ai jamais eu l'ambition de rédiger un manuel, même fragmentaire, d'Histoire de la Peinture : une telle entreprise eût été périlleuse à cause des difficultés particulières qu'elle comporte, et inutile parce qu'elle a déjà été réalisée avec succès. Au surplus, et puisque mon sujet se limitait à la couleur, conçoit-on une histoire de la couleur distincte et indépendante de l'histoire générale de l'art de peindre?

Considérant les faits présents comme la forme visible et le point d'affleurement du passé, j'ai cherché dans le passé les précédents historiques de quelques problèmes d'esthétique contemporaine. Prenant comme objet d'étude certains maîtres de notre tradition nationale, je me suis attaché moins au charme archaïque ou à la beauté permanente de leur œuvre qu'à diverses originalités devançant le sentiment du siècle et grâce auxquelles ils se trouvent aujourd'hui tout proches de nous malgré l'intervalle des générations. J'ai voulu mettre en évidence l'aspect de leur talent concordant avec nos goûts et nos partis pris, mais qui choqua comme un paradoxe le jugement des contemporains. Or, ce trait commun qui subsiste chez eux en dépit des années interposées et de l'évolution intellectuelle, ce caractère qui les apparente les uns aux autres comme une particularité physique établie dans une famille, c'est l'ap-

titude à saisir et fixer la couleur, c'est la sensibilité de l'œil et la souplesse de la main, c'est le style.

Je n'ai point dressé la liste de ces précurseurs; mais ceux que je présente ici constituent d'intéressants cas particuliers d'histoire et d'art. Tous ont contribué à fonder l'acquis professionnel pictural; tous ont été des peintres nés dans un pays où bien peu de peintres sont nés coloristes. Et l'étude de leur difficile carrière nous fait constater les efforts longtemps infructueux de la mentalité artistique française pour conquérir ce don de la couleur qui lui avait été si parcimonieusement imparti. Inutiles leçons d'un Watteau et d'un Delacroix!..... Le XIXᵉ siècle à son déclin nous favorisa : une utilisation raisonnée de l'expérience historique et des données scientifiques permit d'arriver à toute la perfection que peuvent atteindre des talents que la nature n'a pas doués pour cette fin.

L'histoire a fourni le cadre de cette enquête; là s'est borné son rôle. Je n'ai rien eu à demander à l'érudition; la commune renommée et les attributions des catalogues ont été mes sources principales. J'avoue la pauvreté de ma bibliographie : elle tient à peu près en entier dans l'*Histoire de l'Art* de M. André Michel et quelques monographies. Est-ce mépris pour la méthode historique ? Certes non ! et je m'honore de l'avoir, en d'autres circonstances, abondamment pratiquée. C'est que l'objet de cette étude est à l'opposé du but habituel du travail historique. Il ne s'agit point ici d'établir les circonstances momentanées ou locales qui expliquent le sujet, le groupement et le coloris de la *Vierge glorieuse* ou de l'*Enseigne de Gersaint*; nous ne cherchons pas à discerner les facteurs concrets ou les influences qui ont créé des traditions; nous renonçons à reconstituer synthétiquement et en nous-mêmes cette atmosphère sociale du xve siècle, du xviiie ou du xixe siècle qui permettrait de goûter en complète connaissance de cause la naïveté d'un primitif, la grâce d'un Watteau ou l'ardeur d'un Delacroix. Nés au xxe siècle, modelés, ou, si l'on préfère, déformés par mille ans de culture, nous prenons notre parti d'être ce que nous sommes; bien plus, nous nous en félicitons, car, en restant exactement nous-mêmes, nous éprouvons avec plus de précision le contraste entre l'âme de ces vieux maîtres et la nôtre. Nous saisissons avec plus de vivacité la brusque apparition de telle tonalité, la hardiesse de telle facture, telle tentative de clair-obscur ou d'enveloppe aérienne par lesquelles une œuvre de quatre cents ans soudain brise son immobilité archaïque et semble vivre de notre existence moderne. La répétition de ces surprises fait surgir, à la longue, une sorte de filiation séculaire, d'enchaînement familial extérieur à la transmission du patrimoine didactique, et qui est proprement la tradition des tempéraments. On dégagera dans les pages qui vont suivre le cheminement instinctif du sens de la couleur perpétuellement contrarié par la tradition académiste.

Or, cette exploration dans le passé pictural, cet examen critique des impressions visuelles, ce n'est point une investigation scientifique, c'est, philosophiquement, un jeu artistique, un déploiement d'activité libre. Du présent remonter au passé, c'est prendre l'histoire à rebours en utilisant son enseignement. Nous accompagnons d'un contexte documentaire l'exposé de sensations directes et spontanées; mais cette « littérature » reste subsidiaire : le but d'enseignement que nous nous sommes proposé pourra toujours être atteint par la révélation d'un regard accompagné d'une comparaison. Ainsi, en dépit d'un appareil livresque un peu pesant, ces études procèdent d'une extrême simplicité; elles ont chance d'intéresser quiconque examine avec un égal agrément et sans arrière-pensée littéraire ou historique les tableaux des Musées et ceux des Salons annuels.

* *

Dans ce mouvement de retour en arrière, et puisque je cherchais les origines de nos préoccupations artistiques actuelles, les « découvreurs » de la couleur, de la lumière, de l'atmosphère, il semble que j'aurais dû m'arrêter longuement aux paysagistes..... ce que je n'ai pas fait. Il est vrai, les paysagistes ont été les maîtres les plus féconds de la pensée picturale contemporaine. Une difficulté matérielle m'a interdit d'en parler. Je devais écrire une plaquette de cent pages : les paysagistes méritaient de l'occuper tout entière. Renonçant à mutiler une pareille matière en la rétrécissant aux dimensions d'un chapitre, j'ai préféré la réserver intégralement pour une étude ultérieure.

G. M.

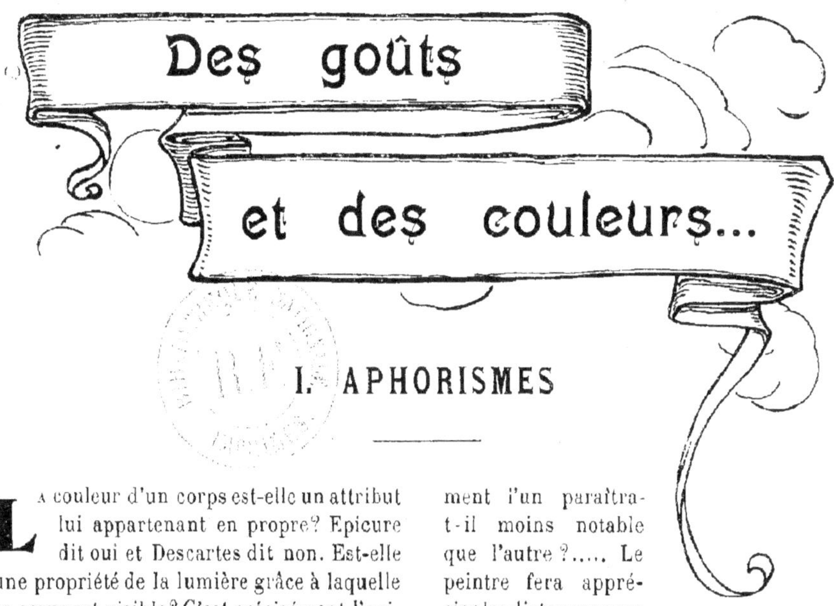

I. APHORISMES

LA couleur d'un corps est-elle un attribut lui appartenant en propre? Epicure dit oui et Descartes dit non. Est-elle une propriété de la lumière grâce à laquelle ce corps est visible? C'est précisément l'opinion de Descartes; et Newton a donné de cette thèse une démonstration scientifique de nos jours universellement admise.

A vrai dire, les peintres, jusque vers le milieu du XIVe siècle, n'ont eu cure de toute cette philosophie, car l'évolution des théories esthétiques et les progrès de la technique se sont accomplis suivant des principes fort différents. Le moyen âge, très pauvre en développements critiques, nous a laissé un considérable acquis pictural. L'esthétique moderne est née avec la Renaissance : Vinci, savant et philosophe, s'essaye à établir les bases scientifiques sur lesquelles repose l'art de peindre : il y a là un assez intéressant chapitre didactique : « La peinture, dit-il, pose d'abord ses principes scientifiques et vrais. Qu'est-ce que le corps ombreux, l'ombre primitive (ombre propre) et l'ombre dérivative (ombre portée)? Et qu'est-ce que la lumière? C'est-à-dire ténèbres, lumière, corps, couleur, figure, site, éloignement , proximité , mouvement et repos, toutes choses que l'esprit comprend sans opération manuelle..... Parmi les objets égaux en grandeur, lequel paraîtra le plus grand à l'œil; parmi les couleurs équivalentes, quelle paraîtra plus ou moins obscure, plus ou moins claire, et parmi les points égaux placés à diverses distances, comment l'un paraîtra-t-il moins notable que l'autre ?..... Le peintre fera apprécier les distances avec des variations de coloris, par l'air interposé entre les objets et l'œil : il saura traduire les figures voilées qui montrent la chair nue derrière les voiles interposés..... » (1)

Ainsi, Léonard de Vinci devance de très loin toute la science de son temps. Et pourtant lui qui décrit si bien le phénomène lumineux de la composition n'a su appliquer cette découverte que de façon fragmentaire; son clair-obscur est limité aux objets du premier plan ; il sait envelopper les yeux de la Joconde, le masque de saint Jean d'une buée transparente, d'un « sfumato » mystérieux et troublant, précieuse interprétation psychologique; mais il ne voit pas la lumière circulant dans l'espace à travers les arrière-plans, il ne sait pas réaliser ce qu'il dit en termes si heureux : « Faire apprécier les distances avec des variations de coloris par l'air interposé entre les objets et l'œil. » Il indique la route à Titien, Véronèse, Rubens, à Rembrandt. Mais son clair-obscur à lui ne semble guère qu'un habile procédé, et c'est bien comme tel qu'il fut presque immédiatement copié. Vinci, précurseur incomparable et théoricien exactement moderne, fut le prince des Primitifs, mais reste un Primitif.

(1) *Léonard de Vinci : Textes choisis*, par PÉLA-DAN, p. 211 et 212.

On peut rapporter les conceptions artistiques du xviie siècle à deux principes : l'un intellectuel et l'autre moral. Le premier, c'est le parti pris de rivaliser avec la langue écrite ; d'exprimer des idées abstraites, générales et nobles, des réalités cartésiennes. Pour atteindre ce but, les formes de la nature doivent être rectifiées, car la nature n'a pas pour raison d'être l'édification intellectuelle. Fuyez donc la couleur qui distrait l'attention, amuse les yeux, disperse le raisonnement. Telle a été l'opinion de Poussin prônant le dessin comme moyen d'expression « essentiel et fondamentalement beau ». Philippe de Champaigne lui prête ce mot : « Qui s'attache au principal et au solide de la peinture acquiert toujours en pratiquant une assez belle méthode de peindre sans qu'il soit nécessaire de s'entêter de cette partie seule. » Ainsi parle Poussin, le peintre philosophe.

Le Brun, peintre rhétoriqueur, s'exprime avec plus de vigueur didactique encore : « La couleur doit être employée avec économie, de manière à ce que le dessin soit toujours le pôle et la boussole qui nous règle, afin de ne pas nous laisser submerger dans l'océan de couleurs, où beaucoup de gens se noient en voulant s'y sauver. » Celle-ci ne se réfère qu'au simple plaisir des yeux, de beaucoup inférieur à celui de l'esprit. On ne peint pas, on colorie : il faut avoir recours à ce procédé en respectant le bon sens, en appuyant à peine sur les contours, en juxtaposant des teintes arbitraires fondues avec soin : « Les broyeurs seraient au même rang que les peintres, si le dessin n'en faisait la différence, car ils emploient la couleur comme eux et savent presque aussi bien qu'eux comment il faut l'étendre. »

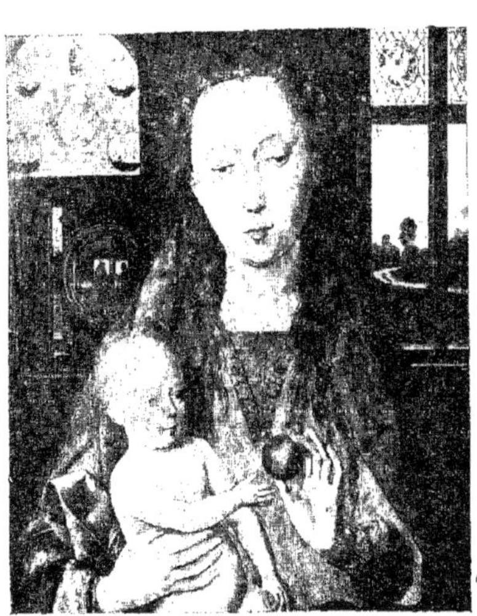

MEMLING : *Vierge à la pomme.* (Bruges.)

Ainsi parle le législateur et le pédagogue de la peinture au xviie siècle ; un certain Catherinot, sorte d'enfant terrible de l'école, nous donne sans ambage la grande raison synthétique de la supériorité du dessin sur la couleur : « Le dessin est l'âme de la peinture, les couleurs en sont le corps ; mais les couleurs se trouvent plus aisément que le dessin, comme disait le traitant. Car les couleurs se trouvent dans les boutiques des marchands et le dessin ne se trouve que dans la tête des excellents peintres. »

Ce mépris de la couleur ne réside point uniquement dans l'avènement et la diffusion de la philosophie cartésienne. Pour qu'un pareil renoncement ait été accompli par la pensée artistique entre Vinci et Poussin, il faut une véritable volte-face morale. De fait, les peintres du xviie siècle, Champaigne, Le Brun, Lesueur, Jouvenet, etc., sont consciemment ou à leur insu pénétrés de l'esprit de conversion chrétienne en quoi s'est apaisée l'éruption païenne de la Renaissance. La contre-réformation catholique, qui a agi sur l'humanisme et l'a transformé en classicisme, devait produire sur la peinture un phénomène analogue.

L'idéalisation picturale a évidemment pour but de rapprocher les corps de la nature des corps glorieux, lesquels, échappant aux contingences sensuelles, ne comportent pas de couleur ; d'où celle-ci, pour les artistes, apparaît comme une sorte d'attribut naturel humiliant, une attristante nécessité ! Couleur des draperies..... frivolité ! Couleur dans la carnation..... source de concupiscence ! Du reste, là où la couleur est inoffensive aux yeux du moraliste ou du penseur, on ne répugne point à l'employer. Félibien affirme que Poussin avait beaucoup étudié la couleur de Titien; on peut supposer qu'il avait regardé d'assez près celle de Mantegna : « Ce peintre, dit l'auteur, dans le coloris de ses figures, s'étudiait à les représenter telles qu'elles paraissent dans le naturel lorsque, par la distance qui se trouve entre elles et celui qui les voit, l'air les rend plus grises et fait que la carnation n'est pas si vive et si agréable. » Au total, il était naturel que la couleur eût peu de succès dans un siècle où on conteste les apparences pour affirmer les réalités. La ligne est une réalité, car elle est la rencontre de deux plans, la couleur n'est qu'apparence.

Pourtant, la compression pédagogique fut incomplète. N'oublions pas la note sensuelle donnée par Dupuy du Grez, qui ne laisse pas que d'accorder quelque faiblesse à la « vaguesse » du coloris, « effet de plusieurs couleurs unies et noyées ensemble pour représenter la couleur naturelle de toutes choses visibles suivant leur situation et leur distance dans le plus charmant éclat qu'elles peuvent avoir... Souvent, une petite licence que le peintre s'est donnée en représentant des carnations extrêmement rouges, un peu jaunes, ou vertes, ou tirant sur quelque autre couleur, ne laisse pas d'être très agréable à nos yeux ».

*
* *

Si on suit, dans l'histoire de l'art au xviiie siècle, l'enchaînement des idées et la succession des œuvres, on constate un surprenant progrès dans la théorie et la pratique de la couleur, depuis Roger de Piles jusqu'à

Diderot, de Rigaud et Largillière à Fragonard. Certes, quiconque peint ou écrit reste fort révérencieux à l'égard de la tradition de Le Brun ; mais l'Académie, à l'exemple du pouvoir royal, a perdu en partie la direction des esprits; la discipline s'est rompue, l'autorité s'est fragmentée : on parle beaucoup et on peint en dehors de la tutelle officielle. Amateurs et petits maîtres, d'esprit très ouvert aux préoccupations intellectuelles générales, vont engager la peinture dans une voie nouvelle. De fait, en matière de couleur, tout a été découvert; qualité propre du ton, influence de l'atmosphère; la touche, enfin, la manière d'étaler, le style! Or, ce but fut atteint moins par un retour d'étude vers les maîtres de la Renaissance méprisés au grand siècle que par un goût spontané et violent pour la nature. Cette passion fut générale; on la signale en littérature encore qu'elle se soit manifestée un peu plus tard; elle amena l'esprit français à bien des erreurs en psychologie, en

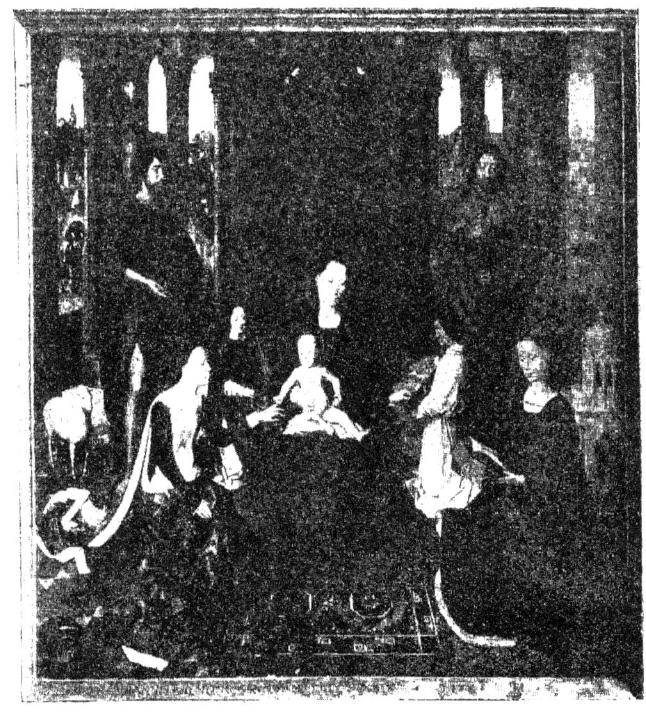

MEMLING : *Mariage de sainte Catherine* (Bruges.)

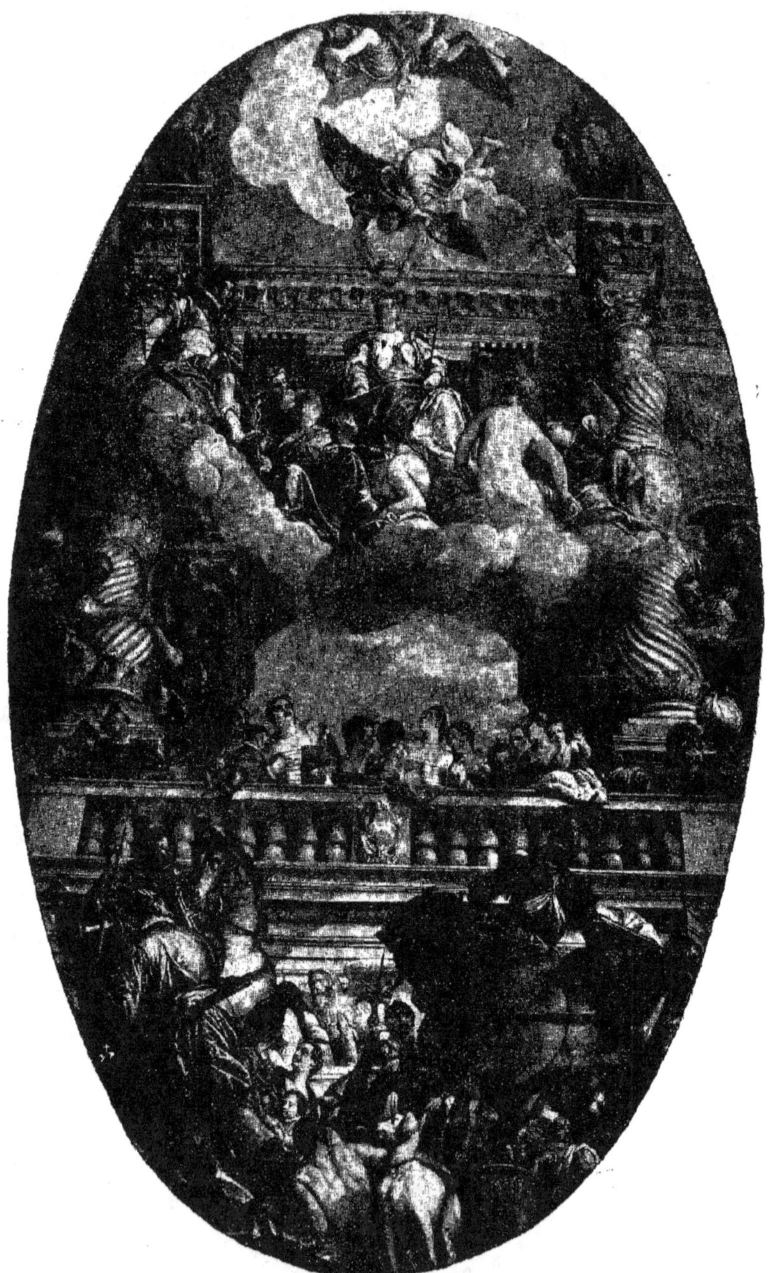

VÉRONÈSE: *Le Triomphe de Venise*. (Venise. Plafond du Palais Ducal.)

morale, en politique. En peinture même, si elle a provoqué le paysagiste Moreau, songeons que Vernet — quoi qu'il en eût — prétendit s'en réclamer ; mais à l'atelier, son influence fut décisive et de tous points profitable.

Rubens, aux yeux des défenseurs du dessin, représentait une sorte de danger public. Roger de Piles se fit l'apologiste du maître d'Anvers. Il montra que la couleur de celui-ci était « moins un moyen de charmer les yeux que de donner l'impression complète du réel »; que ses « couleurs locales imitent fidèlement chacune en particulier la couleur des objets naturels que le peintre a voulu exprimer ». A son point de vue, le problème du coloris ne consiste pas à donner aux objets peints la véritable couleur du naturel, mais « à faire en sorte qu'ils paraissent l'avoir »; cette science exige certaines exagérations ou atténuations de tons, selon les voisinages et selon la distance à laquelle devra être vu le tableau. Il est incontestable que certaines lumières, certains coloris ne peuvent être représentés directement, mais par des oppositions de tons, d'où résultent les valeurs capables de rendre la réalité.

La réalité!... C'est l'obsession de Sandrard, qui exige que, pour apprendre les lois du coloris, on étudie l'harmonieuse distribution des tons dans les fleurs, le plumage des oiseaux, les coquillages. Animé du même esprit, Galloche conduit ses élèves à la campagne « pour puiser dans la nature même les beaux effets que produisent les saisons différentes »: « C'est là, ajoute-t-il, que l'on peut étudier les principes de l'harmonie en établissant pour juge infaillible le soleil qui en est l'auteur. » Cochin se défie des fraudes et coquetteries qui défigurent agréablement la réalité; des couleurs excessivement plaisantes à l'œil, du clair-obscur fantaisiste; il impose en toutes circonstances la comparaison avec la nature. Oudry, enfin, dans ses deux discours sur le coloris et sur la pratique de la peinture, célèbre avec enthousiasme l'enseignement de Largillière et la vérité de son coloris.

Vue sous cet aspect, la question de la couleur intéresse à la fois quiconque peint et quiconque, simple amateur, observe parallèlement le modèle et l'image. Aux yeux du peintre apparaît maintenant l'expression professionnelle du problème : fixer sur la toile l'impression suggérée par la nature;

l'œil et la sensibilité ont joué leur rôle, à la main de remplir sa fonction : ici se pose la question du style de la touche. Vraisemblablement la nature parut aux amateurs du XVIII° siècle un maître sans précision, car ils se constituèrent une iconographie d'enseignement que le XVII° siècle eût peu appréciée. Roger de Piles, champion de Rubens, étudie aussi Rembrandt. Il remarque que ce dernier est « maître de ses couleurs, de ses touches, et que celles-ci sont si à propos qu'elles expriment et la chair et la vie ». Charles Coypel redoute un peu en cette matière les exagérations du goût public; il plaisante le snobisme des amateurs entichés du tour de main. « Voyez, fait-il dire à l'un d'eux, comme ces sourcils sont frappés, ce front heurté et peint à pleines couleurs, puis retouché à gras, pouf, pouf!..... Comme ces gens-là faisaient rouler leur pinceau, comme cela est fouetté! » A vrai dire, ces paroles auraient pu se rencontrer dans la bouche d'un critique très compétent; et c'est même vraisemblablement en ce lieu que le snob de Coypel les a recueillis. Massé, dans ses *Réflexions sur la peinture et particulièrement sur le genre du portrait*, écrit :

« Je vous le redis encore, ne vous écartez jamais des formes, quelque désavantageuses qu'elles soient ; la beauté du pinceau peut leur prêter des grâces..... C'est la touche qui donne la vie et le mouvement..... C'est ainsi qu'on parvient à rendre la nature dans son brillant et non par cette sorte de fini misérable, fruit d'un travail où l'intelligence et le goût n'ont aucune part. » Et Diderot, faisant la critique d'un tableau de Chardin : « Sa manière de peindre est singulière : il place ses couleurs l'une après l'autre, de sorte que son ouvrage ressemble un peu à la mosaïque de pièces de rapport, comme la tapisserie faite à l'aiguille, que l'on appelle point carré. » (1)

Si l'on songe que ce siècle a vu naître l'*Embarquement pour Cythère*, *Gilles*, les pastels de Latour, les paysages de Moreau,

---

(1) Ce paragraphe et le précédent sont pour une large part inspirés par le livre de M. André Fontaine, *les Doctrines d'art en France. De Poussin à Diderot*. Paris, Laurens, 1909.

les scènes de genre de Fragonard et les natures mortes de Chardin; si l'on s'arrête au point du progrès où était parvenu l'esprit du public, on peut croire que la peinture française était à cette date sur le point de conquérir définitivement l'expérience de la couleur dont elle était depuis ses origines si cruellement dépourvue. Et l'on peut se demander si le talent de David, quelque grand qu'il soit, suffit à compenser le désastre provoqué chez nous par le retour offensif des iconoclastes grimés en Gréco-Romains usurpateurs du prestige classique.

On a dit souvent, depuis Taine, que l'esprit révolutionnaire, c'est l'esprit classique exagéré jusqu'à l'absurde. Pour qui étudie la révolution davidienne, cette proposition est d'une évidente vérité. Fournissez à Le Brun un choix de modèles abondant provenant de bas-reliefs et de statues pompéiennes. Accentuez jusqu'au scrupule son souci de correction dans l'enchaînement linéaire. Admettez son parti pris de grandeur

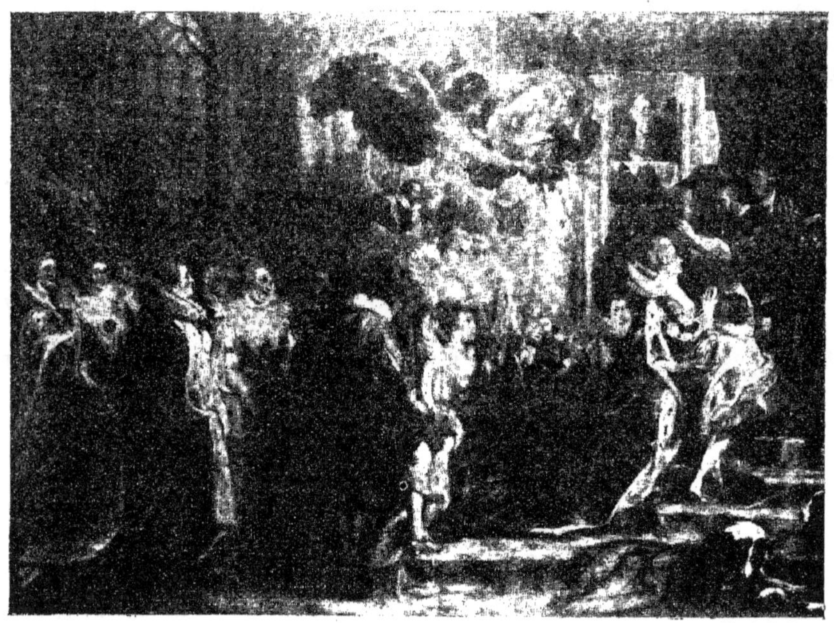

Phot. B. P.

Rubens : Couronnement de Marie de Médicis. (Louvre.)

et de majesté, mais tempérez-en la grandiloquence par quelque raideur impassible..... et voyez si les batailles d'Alexandre ne ressemblent pas à des répliques de Léonidas aux Thermopiles. Même choix du sujet; même mépris de la nature vivante, de la couleur, de la lumière; même préoccupation intellectuelle et morale; mêmes procédés de metteur en scène dans le groupement des personnages. Surtout, même despotisme de pédagogue qui éclate dans cet avis adressé par David aux élèves de Rome et que vraisemblablement Le Brun dut imposer

aux boursiers de Colbert : Allez à Rome! mais n'oubliez pas ma manière!

Seulement, le peintre de Napoléon endiguait et canalisait un très mince filet artistique : voilà pourquoi, vingt ans après l'*Enlèvement des Sabines*, la production faisant défaut, la discipline davidienne portait dans le vide, tandis que celle de Le Brun pendant près d'un siècle avait marqué de son empreinte toute la peinture officielle française. David avait obturé la source jaillissante du xviiie siècle pour enrichir le courant épuisé de l'académisme : il avait échoué dans cette double entreprise. Adultérée, détournée de son caractère spontané, chargée d'accessoires médiocrement intellectuels..... reconnaissable pourtant, l'inspiration captive faisait irruption vers 1815, et ce fut le romantisme.

Époque de revanche! de toutes les revanches qui se constituèrent solidaires : de la passion sur le devoir, de la fantaisie sur la règle, de l'imagination sur la raison, du laid sur le beau..... de la couleur sur la ligne. Les arguments étaient à toute fin, légitimant les revendications sociales et les tentatives esthétiques. Jérôme Paturot, romantique et saint-simonien, littérateur, critique d'art et économiste, découvrit que les hommes en blouse admiraient Delacroix et que, dans le même esprit, ils lisaient Rousseau.

De cette débauche de bouffonnerie inconsciente, on voit pourtant surgir un génie créateur, un ardent tempérament de peintre moderne fortifié par une étude raisonnée des maîtres de la Renaissance : c'est Eugène Delacroix. De même que ses aînés débarrassés de Le Brun s'étaient avancés à la découverte de la nature, lui, allégé de la tutelle de David, va partir à la reconquête de la couleur; car tout le travail du xviiie siècle est à recommencer. Le coloris lui apparaît d'abord comme un langage, une notation de la passion; jamais les mots d'éloquence et de lyrisme n'ont été moins métaphoriques que lorsqu'on les emploie pour désigner la peinture de Delacroix: « La couleur n'est rien si elle n'est pas convenable au sujet..... une couleur adaptée au caractère, c'est l'harmonie et ses combinaisons adaptées à un chant unique..... Tout le monde sait que le jaune, l'orangé et le rouge inspirent des idées de joie, de richesse. » De cette notion assez littéraire, il se hausse à une conception beaucoup plus technique : il va attribuer au coloris la raison d'être de toute la composition picturale, conception puisée chez Rubens et les Vénitiens : « Il y a, évidemment, un ton particulier attribué à une partie quelconque du tableau qui devient clé et qui gouverne les autres. » Enfin, prolongeant et précisant les subtilités de palette d'un Watteau, d'un Fragonard, il s'engage dans des analyses

prismatiques des tons dans le but d'en exprimer la fraîcheur et l'éclat, et cherche le style le plus propre à utiliser ce procédé. Comme Roger de Piles, ayant du reste étudié les mêmes modèles, il préconise la touche : « À une certaine distance, la touche se fond dans l'ensemble, mais elle donne à la peinture un accent que le fondu des teintes ne peut produire. Le temps redonne à l'ouvrage, en effaçant les touches, aussi bien les premières que les dernières, son ensemble définitif. » Et c'est l'œuvre peint de Delacroix, ses pensées éparses, qui ont amené l'esprit public jusqu'à la notion la plus judicieuse du coloris, notion classique de nos jours encore, et que Taine, paraphrasant le *Traité des couleurs* de Gœthe, a excellemment dégagée : « Par elles-mêmes, et en dehors de leur emploi initiatif, les couleurs ont un sens. Une gamme de couleurs ne figurant aucun objet réel peut être riche ou maigre, élégante ou lourde. Notre impression varie avec leur assemblage; leur assemblage a donc une expression. Un tableau est une surface colorée dans laquelle les divers tons et les divers degrés de lumière sont répartis avec un certain choix : voilà son être intime; que ces tons et ces degrés de lumière fassent des figures, des draperies, des architectures, c'est là, pour eux, une propriété ultérieure qui n'empêche pas leur propriété primitive d'avoir toute son importance et tous ses droits. La valeur propre de la couleur est donc énorme. Cet élément est aux figures ce que l'accompagnement est au chant; bien mieux, parfois il est le chant dont les figures ne sont que l'accompagnement; d'accessoire, il est devenu principal. » (1)

Le xviie et le xviiie siècle avaient vu triompher l'un après l'autre les champions du dessin puis les admirateurs de la couleur. Le xixe siècle les vit en présence et assista à leur rivalité. Le camp de la couleur eut un chef et point de soldats; le dessin eut un maître et une école prospère. Il semble que, par une fatalité historique, les peintres-nés, les coloristes, Watteau, Delacroix, aient

____

(1) Taine, *Philosophie de l'art*, t. II; *le Degré de convergence des effets*, t. IV.

toujours été des isolés et des incompris ; tandis que les maîtres à dessiner, Poussin, Le Brun aient fait preuve d'utiles qualités pédagogiques. Ingres fut pédagogue plus que tous les autres. Il eut une doctrine étroite et féconde, négative à l'égard de la couleur qu'il voulut ignorer — et le malheur est qu'il se crut tenu à couvrir de sarcasmes le génial adversaire qui sentait et pensait autrement que lui, — mais constructive aussi, excitatrice de volonté et inspiratrice de méthode. Enlevant au peintre la plupart de ses moyens naturels d'expression, et lui imposant par ailleurs un domaine intellectuel et moral aussi étendu que le champ d'action des coloristes. il met l'artiste dans l'obligation de tirer du dessin seul ce que d'autres espéraient obtenir avec le concours de la palette et du style. Peu de disciples surent atteindre ce résultat paradoxal ; presque tous eurent le bénéfice des efforts accomplis et de la discipline subie en commun. Les préceptes du maître s'exprimaient dans le langage lapidaire des dogmes :

« Les procédés matériels de la peinture sont très faciles et peuvent être appris en huit jours ;

» Une chose bien dessinée est toujours assez bien peinte. Il est sans exemple qu'un grand dessinateur n'ait pas trouvé la couleur qui convenait exactement au caractère de son dessin ;

» La couleur, partie animale de l'art ;

» Devant les Rubens, mettez-vous des œillères, comme aux chevaux ;

» Les reflets étroits dans l'ombre, les reflets longeant les contours, sont indignes de la majesté de la peinture d'histoire ;

» J'écrirai sur la porte de mon atelier : École de dessin, et je ferai des peintres ;

» Le dessin est la probité de l'art ;

» Le dessin comprend tout, excepté la teinte ; la fumée même doit s'exprimer par un trait ;

» Le dessin est tout, c'est l'art tout entier ; la touche est un abus de l'exécution » (1).

Parallèlement, relisez quelques pensées

----

(1) Ces citations ont été puisées à l'ouvrage de M. Maurice Denis, *Théories*, p. 92 et suivantes.

de Delacroix, et vous sentirez l'insolubilité du conflit. Personne n'accueillit l'opinion moyenne et conciliante de Lamennais : « Comme les sons, les couleurs sont par elles-mêmes indéterminées ; elles ne représentent, comme eux, que des formes vagues, flottantes, insaisissables. Dans le langage parlé, les consonnes déterminent le son ; elles en marquent pour ainsi dire les contours en le limitant, et, ainsi limité, il exprime l'idée nette et précise qu'il doit manifester ou rendre visible à l'esprit. Dans le langage des couleurs, le dessin aussi détermine l'image, il en marque les contours le limitant..... Il est à la couleur ce que la consonne est à la voyelle. »

Comme Le Brun, Ingres avait la passion de ce qui s'enseigne ; ne concevant ni l'un ni l'autre la méthode d'enseignement de la couleur, ils lui marquèrent tous deux une assez vive hostilité. Or, les artistes de la fin du XIX' siècle eurent précisément l'ambition d'enseigner cette matière jugée « inenseignable ». « Bien des gens, écrit Charles Blanc, supposent que le coloris est un pur don du ciel et qu'il a des arcanes incommunicables. C'est une erreur : le coloris s'apprend comme la musique. Les éléments du coloris n'ont point été analysés et enseignés dans nos écoles parce qu'on regarde, en France, comme inutile d'étudier les lois de la couleur, d'après ce faux adage qui court les bancs : On devient dessinateur, on naît coloriste. »

Une tendance générale à user pour toutes sortes de fins du raisonnement scientifique fort en faveur à l'époque, les progrès du paysage, les découvertes ingénieuses de Manet et des impressionnistes ont provoqué la dernière tentative pour la conquête de la couleur. Elle fut révolutionnaire : puis elle rompit et éclaira son effort en l'associant à certaines traditions : la mentalité artistique contemporaine en représente l'aboutissement final.

Et d'abord le peintre doit vider son esprit de tout acquis technique et de tout parti pris intellectuel : « Il faut, dit Ruskin, considérer toute la nature purement comme une mosaïque de différentes couleurs qu'on

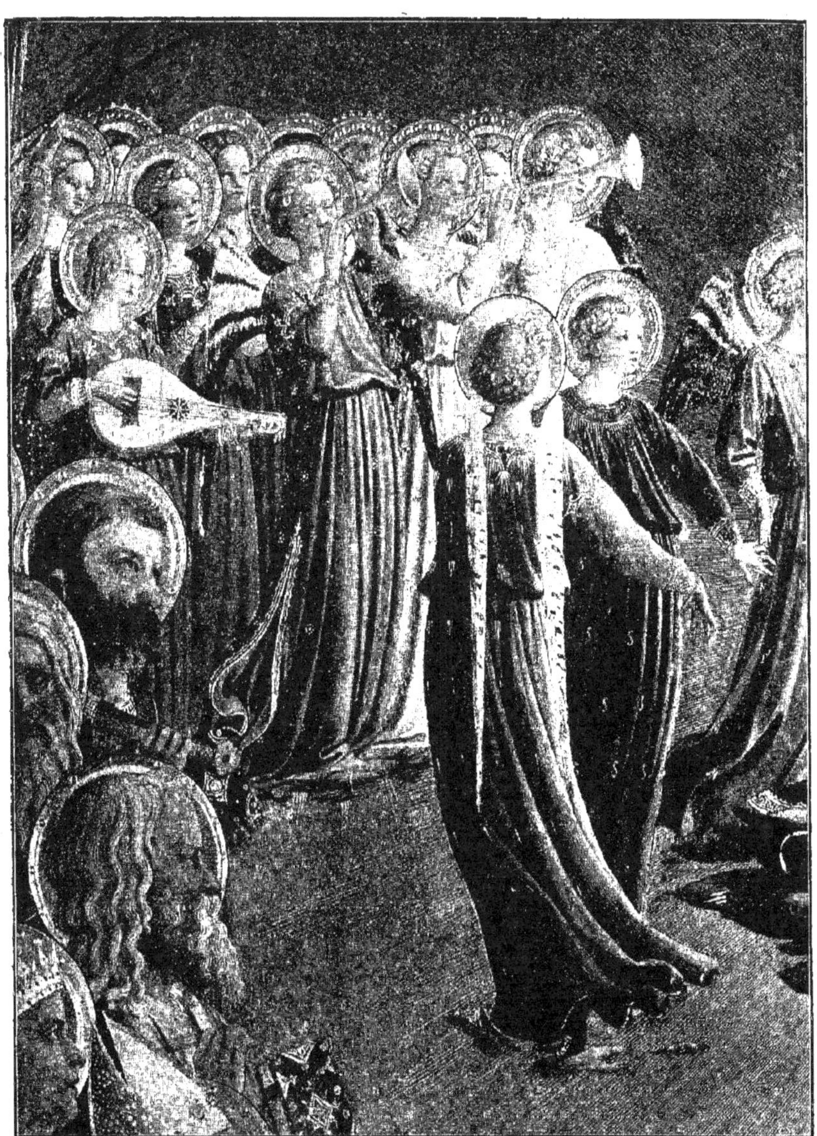

Fra Angelico : Fragment du *Couronnement de la Vierge*, (Offices de Florence.)

doit imiter une à une en toute simplicité..... Ce sont donc des fresques qu'il faut qu'on fasse ? Oui, et mieux encore, des mosaïques ! » Ce principe strict, moral et technique posé, les peintres scientifiques, prévenus par les recherches de Chevreul, vont chercher le mode unique et certain d'obtenir à la fois lumière et couleur. Ils n'useront que de couleurs pures, se rapprochant, autant que la matière peut se rapprocher de la lumière, des couleurs du prisme. Ils se garderont bien de souiller ces couleurs pures en les mélangeant sur la palette ; ils les juxtaposeront en touches nettes et de petites dimensions, et, par le jeu du mélange optique, obtiendront la résultante cherchée. Sans doute, un peintre ne peint pas avec des rayons de lumière; mais, de même que le physicien peut restituer le phénomène du mélange optique par l'artifice d'un disque aux segments de diverses couleurs qui tourne rapidement, un peintre peut le restituer par la juxtaposition des mêmes taches multicolores. Au recul, sur la toile du peintre, l'œil n'isolera pas les touches, il ne percevra que la résultante de leurs lumières, le mélange optique des touches.

Cette théorie représenta pendant plusieurs années, aux yeux de quelques jacobins, la vérité scientifique appliquée à la couleur. L'art de peindre s'en trouvait singulièrement simplifié, et le sens critique de l'amateur y puisait une indiscutable infaillibilité : l'artiste n'avait qu'à juxtaposer les tons complémentaires suivant une proportion tout arithmétique, l'amateur contemplait et laissait agir la nature : l'accord des complémentaires devait *nécessairement* lui procurer une sensation agréable : si le contraire venait à se produire, c'était la faute de l'artiste dont l'œuvre n'offrait point une suffisante rigueur scientifique. La faveur du système fut plus bruyante que réelle. Malgré la bonne volonté moutonnière de quelques amateurs soucieux de moder-

nisme, le public se rebella contre cette sommation à lui adressée d'admirer une méthode plutôt qu'un tableau; certains esprits malveillants contestèrent l'agrément dégagé par la juxtaposition des complémentaires; un groupe actif de jeunes peintres s'insurgea contre le parti pris scientifique. Enfin, *la science* elle-même, intervenant dans le débat, rabattit la superbe de ses propres disciples, en établissant que les faits acquis en 1900 différaient sensiblement des doctrines de 1839, date de l'enseignement de Chevreul. M. Rosenstiehl rappelle les disciples de la méthode à cette distinction un peu oubliée du mélange des lumières, du mélange des sensations et du mélange des matières. Il est fort dangereux de raisonner du dernier d'après les lois que la physique a observées dans le premier, car la sensation, du fait de l'infirmité des sens humains, déforme nécessairement la vérité scientifique, et à ces motifs d'inexactitude, les matières colorantes ajoutent toutes les causes d'erreur inhérentes à la matière elle-même. Le seul bon sens fait prévoir la défiguration caricaturale que peuvent subir les lois dégagées des rayons du spectre lorsque la main d'un étudiant les applique au jaune de chrome et au carmin. Le fait est si exact que lorsque vous combinez deux ou trois rayons donnés, vous obtenez du blanc, et lorsque vous combinez les matières correspondantes, vous avez du noir. Circonstance aggravante, la règle du mélange des lumières posée par Chevreul n'est pas absolument vraie, et on a dû, avec des instruments d'analyse perfectionnés, refaire le tableau de correspondance des complémentaires.....! Catastrophe!! la peinture d'un quart de siècle procédait donc d'une erreur de calcul : la faillite de la science entraînait celle de l'art! Et M. Rosenstiehl, en manière de consolation, invite les peintres scientifiques à tenir soigneusement compte de l'accommodation de l'œil; celui-ci, posant le regard sur un groupe de

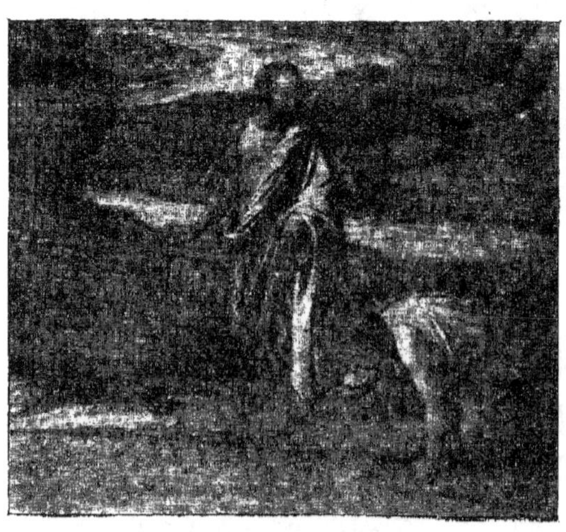

Poussin : *Diogène* (fragment). (Louvre.)

surfaces différemment colorées, doit s'accommoder en passant de l'une à l'autre. La sensation suggérée par deux couleurs voisines complémentaires sera parfaitement agréable, à condition que l'œil, d'un contact à l'autre, n'éprouve aucune difficulté d'accommodation (1).

Et c'est cette accommodation dont nos jacobins n'avaient pas tenu compte ; leur erreur, c'était de prendre notre œil pour un instrument d'analyse, de confondre la connaissance artistique avec la connaissance scientifique ; de rechercher l'expression absolue, incontestable. philosophale, du bleu, du rouge et du jaune, pour pouvoir sur ces trois certitudes établir une palette naturelle et imprescriptible. M. Delbet, dans un ouvrage récent, leur montre la vanité de ce dessein : « On s'est préoccupé beaucoup de savoir si les mêmes causes produisent chez tous les hommes les mêmes sensations. Nous désignons ces sensations

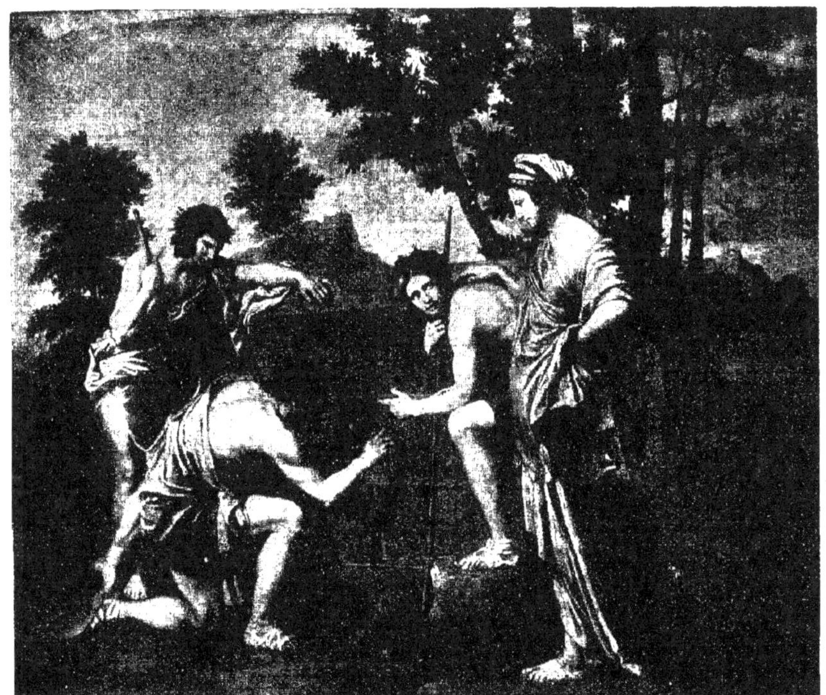

N. POUSSIN : *Les Bergers d'Arcadie*. (Louvre.)

Phot. B. P.

par des adjectifs que nous appliquons aux objets. Quand nous disons qu'un corps est rouge, cela veut dire, dans le langage de l'ignorant, qu'il cause une certaine sensation. Cette sensation est-elle la même pour tous ? c'est là une question mal posée ; c'est un problème imaginaire. La seule chose importante, c'est que tous les hommes qui parlent français appliquent le qualificatif rouge aux mêmes corps, à la même lumière. » (1)

Ainsi, c'est par l'effet d'une convention internationale que les couleurs ont reçu leur nom : ce degré de certitude est, du reste, très suffisant pour fournir au peintre un critérium, car il faut se résoudre à cette conclusion modeste, que la connaissance artistique

(1) A. ROSENSTIEHL, *Traité de la couleur au point de vue physique. physiologique et esthétique.*

(1) P. DELBET, *la Science et la réalité.*

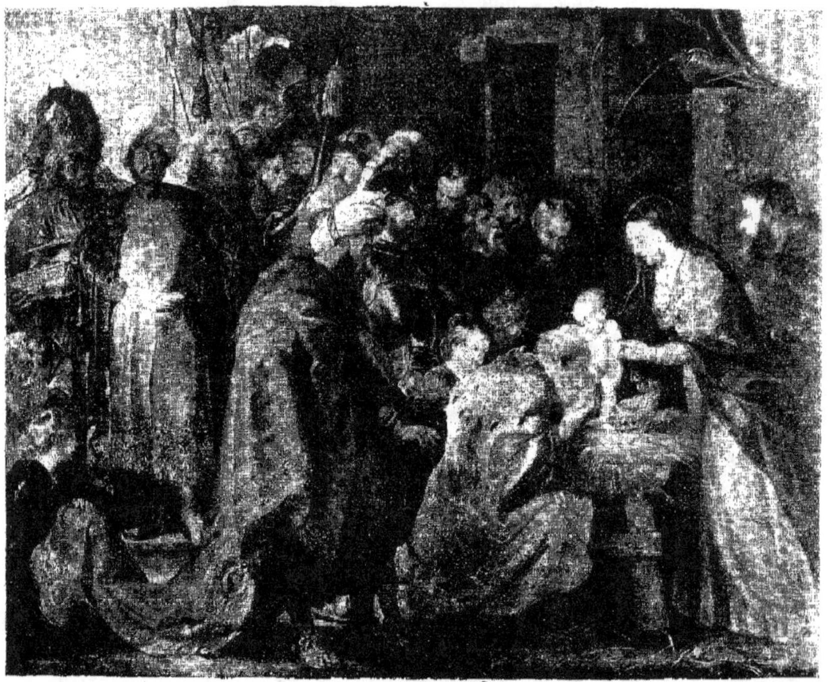

RUBENS : *L'Adoration des Mages.* (Musée de Lyon.)

a pour fondement physique la connaissance vulgaire. Un peintre n'a que faire de ce qui est; il ne s'occupe que de ce qui apparaît; les réalités cachées ne l'intéressent que dans la mesure où elles influent sur l'enveloppe extérieure des choses; son but est de provoquer en nous par la couleur une impression donnée : la méthode qu'il suit pour y arriver nous est indifférente. Dès le xviiie siècle, Charles Coypel le disait fort clairement; il ne nie pas du tout la décomposition prismatique des tons, il affirme seulement que son œil qui ne la voit pas dans la nature n'a pas à la voir dans le tableau : « A l'égard de la couleur, vous êtes à portée, et même plus encore, d'en sentir les beautés, puisqu'il ne s'agit que de comparer le vrai avec l'imitation. Quand vous verrez de la chair qui ressemblera à de la chair, dites hardiment : Voilà qui est bien coloré! Quand, au contraire, vous verrez dans un tableau de la chair où vous distinguez le vert, le rouge, le gris, le jaune,

moquez-vous des grands mots de couleur brillante, rousse, dorée, suave, précieuse..... allez votre chemin, demandez la couleur de la chair. »

Au total, malgré l'acquis technique et les progrès du sens critique, trois points de vue subsistent en matière de jugement pictural, et la controverse est ardente entre les champions de chacun d'eux. Un tableau étant donné, sur cent personnes admises à le contempler, soixante chercheront, loueront ou dénigreront le sujet; trente discuteront les mérites comparés du dessin et de la couleur; dix fonderont leur jugement sur le caractère du coloris. Avant toute argumentation, un conflit ainsi engagé laisse prévoir de lourds malentendus.

Il existe donc au xixe siècle, comme au xviie et à la fin du xviiie, une question du sujet dans l'art; et les adversaires, en manière de projectiles, s'adressent les noms de Poussin, David, Delacroix, Rembrandt,

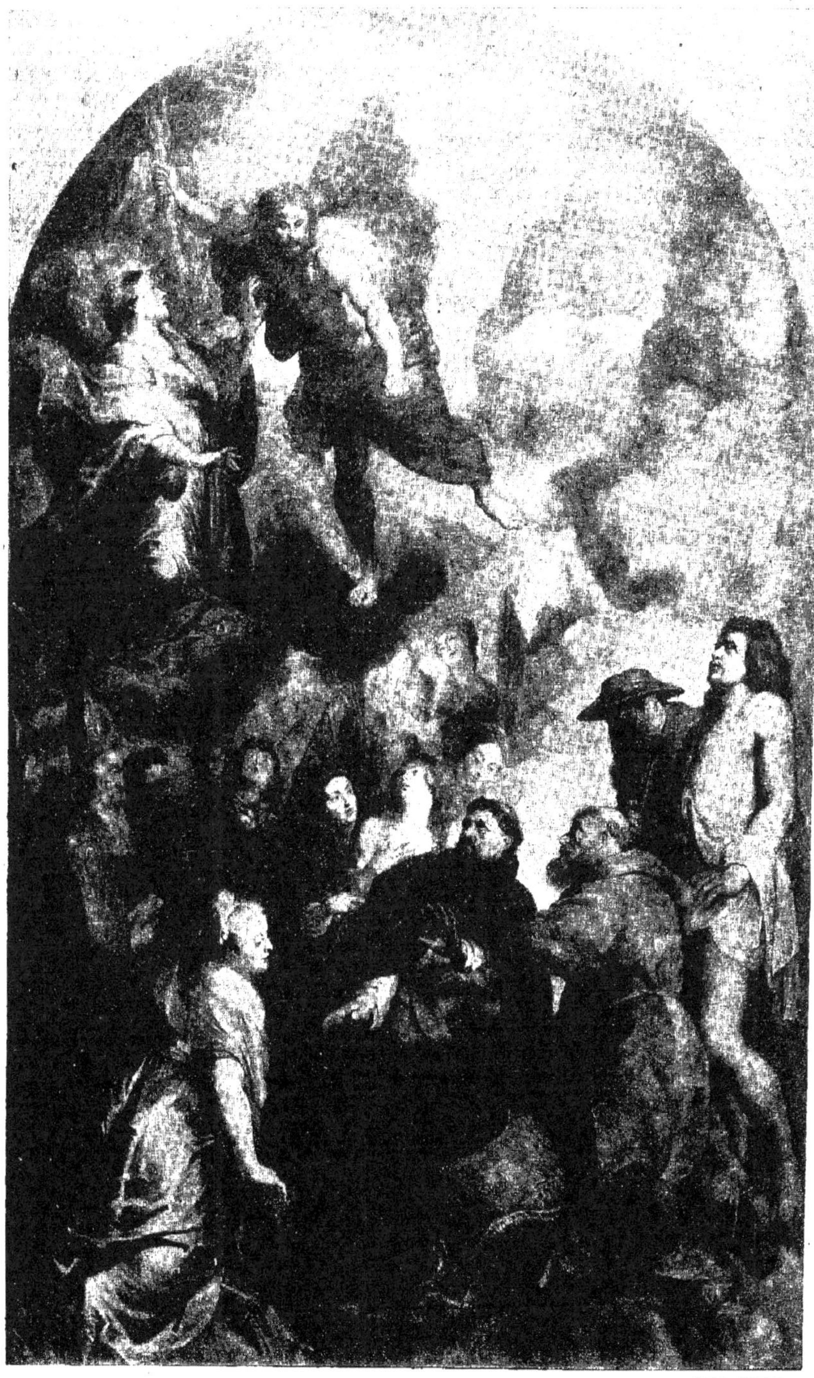

Phot. Bulloz.

RUBENS : *Saint François, saint Dominique et plusieurs saints
préservant le monde de la colère du Christ.* (Musée de Lyon.)

Téniers. Certes, jamais plus que de nos jours on n'a été persuadé que la peinture est *cosa mentale*. Mais la partie intellectuelle d'un tableau réside-t-elle dans la nature ou la précision du titre dont il est baptisé? L'artiste doit-il rivaliser avec l'écrivain en puissance d'expression? Je crois que la question ne se pose point ainsi. Le peintre rapporte à des impressions visuelles toute sa connaissance du monde extérieur : mais ses impressions ne sont jamais purement objectives, car entre ses yeux et le monde sa propre personnalité s'interpose comme un écran conformateur, appropriant tout spectacle à ses pensées ou ses sentiments essentiels. Or, l'éducation de l'esprit a pour effet de multiplier, de varier, d'étendre la sensibilité, qualité maîtresse de l'artiste; un peintre d'esprit cultivé saura donc conduire et grouper ses sensations. Et ce travail lui sera plus naturel encore s'il a été formé aux lettres classiques; car les humanités enseignent à concevoir des ensembles, habituent l'esprit à chercher les rapports des choses. Un peintre muni de cette formation découvrira des ensembles lumineux, des répartitions collectives de lumière, là où un esprit inculte ne percevra que des juxtapositions indifférentes, des moments distincts de cette même lumière. Placez-les tous deux devant le même spectacle naturel : tous deux éprouveront une sensation, voire une émotion également vive. Mais, chez le premier, cette impression ira grossir tout un capital intime d'impressions antérieures; elle s'y encadrera, s'y associera, s'incorporera à sa substance morale. Et si les deux concurrents se mettent au travail, le second peindra un tableau sans caractère intellectuel qu'il intitulera *Étude;* le second donnera un ensemble picturalement composé. Cette composition sera la projection sur la toile d'un moment de sa vie intérieure, et le titre du tableau jaillira spontanément. Ainsi Dulac rencontra des paysages dont les lignes, la couleur et la lumière lui parurent exactement appropriées aux paroles sacrées du Sermon sur la Montagne. Combien de peintres avaient admiré les mêmes crépuscules et les mêmes horizons et n'avaient

pas senti dans leur tête vide et leur cœur sec surgir le rapport moral du cadre extérieur des choses avec l'émotion d'une vie intime qu'ils ne possédaient pas!

On dispute encore, malgré Lamennais, et avec quelle véhémence, sur la rivalité entre dessin et couleur : le lyrisme de Théophile Gautier et des Goncourt se déchaîne contre les apophtegmes vaticinatoires de M. Ingres. A vrai dire, au début du xxᵉ siècle, ce tournoi nous paraît un exercice de pure éloquence. On racontait jadis ce trait admirable d'un peintre grec, qui, s'étant rendu chez un ami et ne l'ayant point rencontré, laissa sur la table de celui-ci comme témoignage de sa visite une simple ligne tracée de sa main sur une feuille blanche. Et lorsque le maître de la maison, ayant réintégré son domicile, laissa tomber son regard sur le *graffito* indicateur, il comprit plus clairement ques'il avait lu une page écrite; car le peintre, dans cette ligne symbolique, avait su ramasser tous les éléments distinctifs de sa personne, synthétiser sa propre image en un trait. Si ce puissant artiste a existé, il est certainement l'aïeul direct et le modèle idéal d'Ingres. Mais qu'on nous permette de trouver un peu excessif le paradoxe didactique du maître de Montauban. Vouloir qu'un tableau dégage toutes les impressions que peut suggérer la nature : volupté, grandeur d'âme, édification morale, joie ou douleur, et, de prime abord, priver l'auteur de ce tableau du moyen par lequel la nature agit le plus puissamment sur nous, la couleur! C'est une gageure! Ingres y est parvenu, dira-t-on; mais il n'y serait jamais parvenu s'il se fût simplement adapté à la nature : sa ligne est une synthèse à caractère intellectuel, une sorte de notation symbolique, une paraphrase de la réalité. Il haussait les épaules en écoutant Delacroix déclarer que le jaune, l'orangé, le rouge, inspirent des idées de joie et de richesse. Mais lui-même a exprimé la jeunesse, la volupté, la piété par des sinuosités linéaires de vertu toute subjective. Le même but peut être atteint avec moins de philosophie : comparez l'*Antiope* de Corrège et la *Source;* l'une au Salon Carré, l'autre à la salle Duchâtel

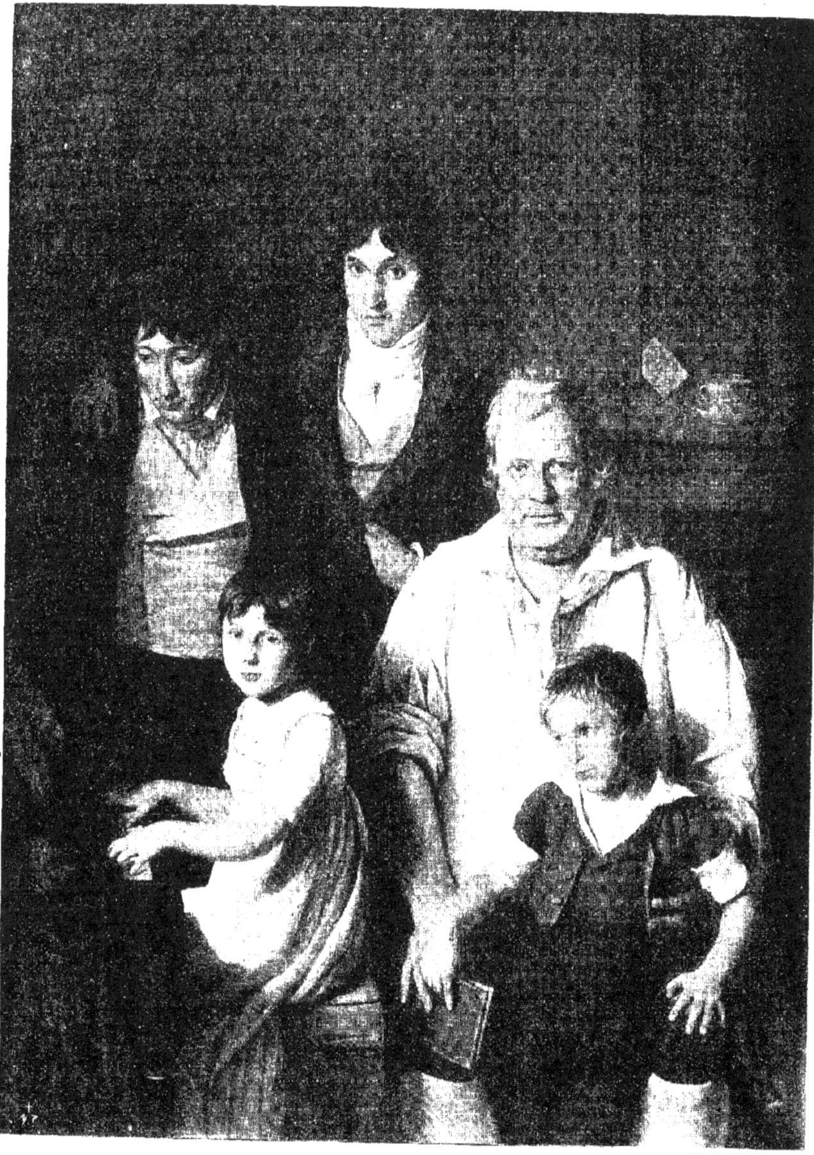

L. DAVID : *La Famille Gérard.* (Musée du Mans.)

semblent s'offrir à la comparaison. Et qu'on ne fasse point un mérite de son parti pris restrictif à Ingres en considération du talent de ses élèves. La vigueur disciplinaire, l'autorité sont des qualités inhérentes à la doctrine, et que celle-ci eût conservées quand bien même le maître ne se fût pas proposé les tours de force picturaux que l'on connaît. Le prestige de cet enseignement n'a pu survivre que parce que les disciples ont su rétrécir ses prétentions, l'approprier à un sujet où la ligne stylisée du classique s'encadre naturellement dans des enchaînements de formes décoratives ou dans une ancestrale tradition d'hiératisme. On découvrit un jour la filiation d'Ingres et de Giotto : Puvis de Chavannes fut leur fils commun. Ainsi la valeur du dessin d'Ingres ne réside pas dans son exacte adaptation avec la réalité : elle procède de l'aptitude de notre esprit à la généralisation, à l'abstraction. Du reste, la nature offre rarement à nos yeux la ligne froide et nette comme l'arête d'un dièdre, limite d'un plan d'ombre et d'un plan de lumière. Entre ces deux régions extrêmes règne la zone imprécise et diverse de la pénombre, domaine d'élection du coloriste où s'exerce la sensibilité. Il faut des combinaisons voulues, des moments exceptionnels de la lumière pour que la surface extérieure des objets se détache suivant un contour arrêté. Là encore nos yeux sont dupes de notre esprit. Notre connaissance de ce qui est nous gêne pour voir clairement ce qui apparaît ; nous admettons difficilement, un corps déterminé étant isolé dans le vide ambiant, que le peintre en le reproduisant sur la toile ne mette pas en évidence le profil, comme une frontière marquant la fin de la matière sensible et l'origine de l'espace. Au vrai, les lignes s'enchaînent et se suivent suivant l'ordre où nos idées s'associent, mais la netteté avec laquelle les régions diverses d'un objet s'offrent à nos yeux ne résulte pas d'un facteur subjectif ; elle est, comme on dit, « fonction » de la lumière et de l'enveloppe aérienne. On peut croire que les parties rapprochées et lumineuses offriront matière à une construction fort linéaire, et que le développement vers l'horizon pro-

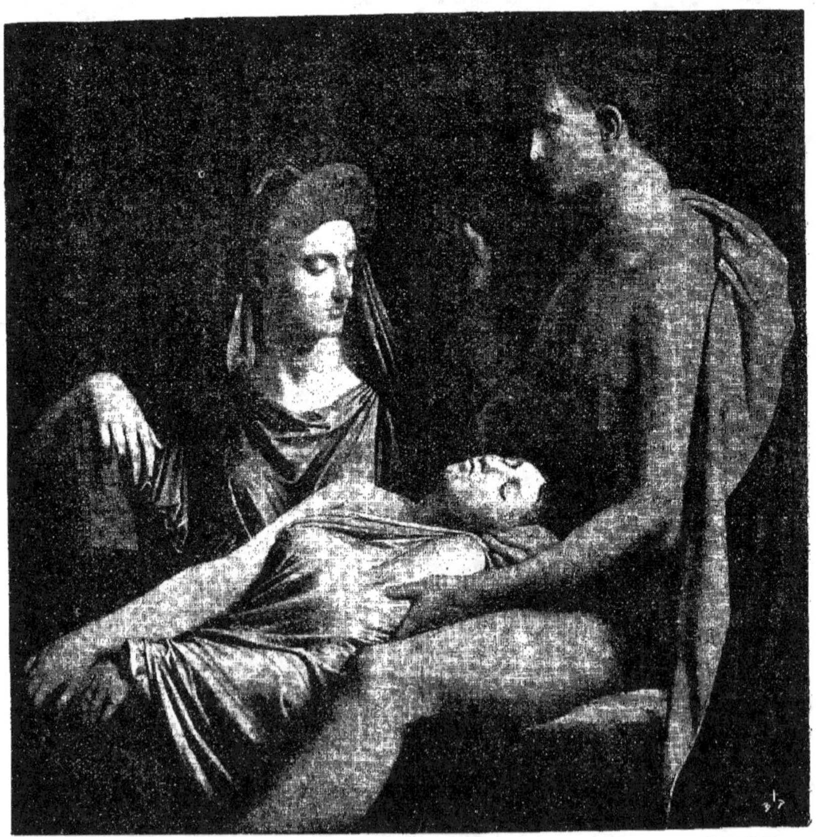

INGRES : *Auguste écoutant la lecture de l'Énéide.* (Musée de Bruxelles.)

cédera suivant un échelonnement de plans successifs marqués seulement par le degré d'éclairage et par les nuances de la coloration : le plus amateur des manieurs de kodaks est familiarisé avec cette esthétique. Elle présente au moins une chance d'exactitude : c'est qu'elle repose sur l'observation d'un phénomène naturel et fréquent : l'éclat du soleil.

Le style est l'homme même; la formule est vraie pour le peintre comme pour l'écrivain : le lettré établissant la cadence d'une période, raturant ses épithètes, cherchant la forme la mieux ajustée à la pensée encore inexprimée dont il est obsédé, souffre des mêmes douleurs d'enfantement que le peintre luttant contre l'inertie de la matière, contre sa propre inexpérience, et empâtant sa toile pour rendre l'éclat et l'harmonie d'un ensemble lumineux que la nature lui a suggéré. Le style du peintre, comme celui de l'écrivain, comporte sa vertu propre et aussi ses écueils. Chez le premier, il se résume dans la discipline de la main : lorsque l'œil a saisi les variations chromatiques d'un ton, les reflets diaprés d'un éclairage, les valeurs délicates espacées dans une pénombre, si la main n'hésite pas, dispose sur la toile la matière colorée que l'œil lui a indiquée, de telle façon que le spectateur reconnaisse immédiatement la nature et découvre en même temps l'intention de l'artiste, sans nul doute l'ouvrage est d'un bon style. Et ce jeu de la main variera suivant le rôle de l'objet peint dans la composition, suivant sa matière, bois, tissu, métal, chair ou chevelure; ce sera la touche, le point ou n'importe quelle modalité appropriée; mais, tout en s'adaptant à chaque détail, il s'encadrera dans le travail d'ensemble, proclamant ainsi l'unité qui préside à la conception de l'œuvre. Cette sorte d'automatisme et d'infaillibilité du doigté qui agit comme un réflexe au commandement du cerveau dans le temps même que celui-ci a enregistré l'impression perçue par le regard, c'est bien le propre des grands coloristes. Voyez chez Rubens ou Titien! la décomposition de ces divers moments est invisible; on dirait que la main voit ou que c'est l'œil qui peint

directement. Or, ce style, c'est la partie « enseignable » du coloris; et c'est le privilège des écoles longuement constituées, munies de traditions. Voilà pourquoi Watteau, héritier des Flamands, l'emporte en technique sur Delacroix, révolutionnaire autodidacte. Le style, comme la parole, a été donné à l'homme pour lui permettre d'accommoder ses impressions : il parvient à sauver de la laideur tel ton recueilli par un œil vulgaire. Que de bleus attristants rendus supportables par un expert tour de main! Et que de maîtres, peignant dans une cave ou une remise, ont imposé à la postérité des toiles d'une tonalité déconcertante, mais brossées avec un invraisemblable brio! Et voilà l'écueil! Massé, au xviiie siècle, écrivait : « Ne vous écartez jamais des formes; quelque désavantageuses qu'elles soient, la beauté du pinceau peut lui prêter des grâces..... c'est la touche qui donne la vie et le mouvement, c'est par la touche qu'on parvient à rendre la nature dans son brillant. » Peut-être n'y aurait-il pas à exagérer beaucoup ces principes pour amener tout naturellement le style à la condamnable virtuosité et lui faire encourir le dangereux compliment de Dupuy du Grez : « Souvent une petite licence que le peintre s'est donnée en représentant des carnations extrêmement rouges, un peu jaunes, ou vertes, ou tirant sur quelque autre couleur, ne laisse pas d'être très agréable à nos yeux. » Et voilà bel et bien l'encouragement à ces « fraudes et coquetteries qui défigurent agréablement la réalité, à ces couleurs excessivement plaisantes à l'œil », à tout ce « chiqué » contre lequel s'élève le soupçonneux Cochin. Méfait du style, le tableau qui à chaque Salon de Printemps ou d'Automne répète, chaque année avec plus d'aisance et de préciosité, tel rayon de soleil frisant, tel clair-obscur, tel profil nacré, observé vingt années auparavant et depuis lors laborieusement exploité et perfectionné dans le sens du goût public. Méfaits du style, l'épithète rare, la phrase soigneusement chantée, les exclamations choisies qui signalent un écrivain aussi sûrement que son nom au bas d'une page. Vu sous cet aspect, le style, c'est la basse besogne de la profession!

Les impressionnistes de la première heure prétendirent instituer une méthode scientifique permettant de saisir sur le vif les couleurs de la nature. Ils s'évertuèrent à formuler des lois optiques commandant le phénomène de la vision artistique et enseignèrent aux peintres à voir analytiquement et avec certitude. Quant au style, ils le traitèrent en méprisable contingence, plaçant les tons comme un maçon pose des briques. Ils eussent accompli une œuvre singulièrement plus féconde en renversant la proposition. Laissant à l'observation tout son caractère spontané et individuel, ils auraient dû travailler à fonder un style rationnel, assez souple pour s'adapter à toute conception picturale du monde lumineux. Au lieu de théorèmes impératifs rapidement frappés de caducité, que ne nous ont-ils donné une édition moderne de la grammaire des arts du dessin! Watteau, Fragonard, bien d'autres maîtres encore ont pratiqué la division prismatique des tons; accordons qu'ils furent les ancêtres de l'impressionnisme. Mais ils nous apparaissent aujourd'hui, grâce au style traditionnel et éprouvé dont ils sont doués, comme des impressionnistes aristocrates, avantage dont leurs descendants, nos contemporains, sont rarement favorisés.

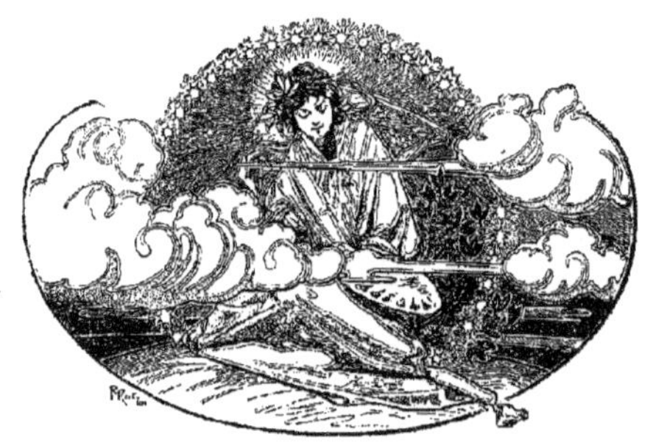

II. LA COULEUR CHEZ LES PRIMITIFS

Nous aimons à nous représenter les Primitifs comme des artistes spontanés, génies aimables et adolescents; et leur œuvre nous apparaît comme la projection extérieure de leur vie morale. Ils ne peignent pas, ils chantent, ou plutôt ils prient; et nous n'imaginons, à l'arrière-plan de leurs fresques et miniatures, pas plus de doctrines esthétiques que les *Fioretti* ne comportent d'argumentation scolastique.

Pourtant, et sans écarter cette image qui n'est qu'incomplète, on doit reconnaître qu'il y a primitifs et primitifs. Admettant qu'un primitif peint comme il prie, il faut admettre aussi que l'attitude et le langage de la prière ont évolué suivant le temps et les nations. On est assez d'accord sur les caractères différents de la foi au xi⁰ et au xvi⁰ siècle, on distingue assez nettement le mysticisme flamand et le lyrisme italien pour concevoir quelque dissemblance entre l'œuvre d'un peintre de la prière ayant vécu à Bruges, ou celle de son confrère florentin, le premier sujet du duc d'Albe et le second contemporain de saint François.

Pour ces motifs, une première classification s'impose à l'esprit : la distinction par régions; groupe septentrional, groupe méridional, primitifs rhénans, primitifs français. Mais reste la localisation dans le temps : entre quelles dates extrêmes l'art de peindre présente-t-il le caractère primitif? M. Bouchot nous indique la date initiale : « Par ce mot de Primitifs, détourné un peu de son acception juste, entendons les premiers peintres nationalisés, c'est-à-dire sevrés de la tradition byzantine imposée par les cloîtres, et se formant dans chaque région suivant les conditions sociales, physiques, ethnographiques. »

Cette définition purement historique nous laisse ignorer les signes extérieurs communs à toute la lignée et qui nous permettront d'identifier chaque individu.

Cherchons ce critérium : réside-t-il dans l'inhabileté de la main? dans le caractère simple de la couleur? l'absence de réalisme et d'observation directe de la figure humaine? Les noms se pressent à la mémoire en faveur de la négative : Van Eyck, le « Maître de Moulins », toute la Toscane, Venise et l'Ombrie. Est-ce alors le choix du sujet? Il est vrai que les Primitifs ont presque toujours traité des scènes religieuses; mais si c'est là leur marque distinctive, classez parmi eux Raphaël, Michel-Ange, Corrège, Poussin, Le Sueur, Jean Jouvenet. Sous un autre point de vue, on peut ainsi formuler la question : l'art de peindre a perdu son caractère primitif le jour où a été posé et résolu le problème des valeurs. Une scène étant donnée, comportant une série de figures groupées et échelonnées en profondeur, les primitifs ont toujours ignoré le rôle unificateur et visible de l'atmosphère où baignent ces figures et où se meut la lumière. Un jour vint où les peintres reconnurent « cette dégradation des lumières et cet affaiblissement des couleurs que cause l'interposition de l'air ». (CHARLES PERRAULT, *Parallèle des anciens et des modernes*.) Il en résulta l'adoption dans la composition de « diverses bienséances nouvelles », comme écrit Perrault, et un rôle prédominant donné au clair-obscur, au total, les conditions mêmes de la composition moderne. Tout ceci s'éclaire à merveille en considérant côte à côte, aux *Uffizzi*, l'*Annonciation*, de Vinci, et la *Sainte Famille*, de Michel-Ange; et tout ceci se localise aisément dans l'histoire, sans sortir du musée du Louvre. Timides avec Francia, apparaissent les premières recherches de valeurs; elles s'affirment avec Palma Vecchio, triomphent et s'imposent avec Raphaël, Andréa del Sarto,

Titien. Francia a vécu de 1450 à 1517; Raphaël est mort en 1520 et la période d'activité du Titien débute vers 1500. Nous arrêterons donc au début du XVIe siècle cette étude des Primitifs commencée à la date proposée par M. Bouchot.

Dans cet intervalle de trois cents ans, nous allons constater chez les peintres flamands, italiens et français la coexistence de deux influences morales : l'une, sorte d'esprit de famille tendant à concentrer et uniformiser toute production artistique; l'autre, force centrifuge et individualiste suscitant les nationalités, incline au contraire vers la différenciation les personnalités artistiques collectives que la première tendait à confondre. Or, ce mouvement de dissociation s'exprime avec évidence par l'interprétation de la couleur.

Voici pourquoi et sous quel aspect se pose la question de la couleur chez les Primitifs (1).

*
* *

Il n'y a point, au moyen âge, d'autre élément de vie intérieure que le sentiment chrétien : l'humanité se limite à la chrétienté. La pratique de la vie religieuse, semblable à elle-même partout où il y a des chrétiens et qui pensent, a fait surgir un véritable classicisme dans l'expression de la pensée. Les arts plastiques, animés par cette haute direction sacrée, devaient procéder de cette unité supérieure que comporte le dogme catholique.

Peinture et sculpture, du XIIe au XVIe siècle, furent les porte-parole naturels de l'enseignement religieux. Mais, dans le temps même où ils se montraient les interprètes scrupuleux de l'esprit et du texte, dociles à la doctrine qui les inspirait, ils

s'adaptaient forcément — car telle était leur raison d'être — au public qui leur faisait cortège. Par là, l'unité originaire d'inspiration se différencie en s'exprimant suivant les races diverses; par là se nationalise ce lot commun qui constitue le fond moral et intellectuel propre à toute la chrétienté. Flamands, Florentins, Ombriens, Vénitiens suivront fidèlement les sujets et la composition prescrite par la scolastique générale; ils s'appliqueront à revêtir de vêtements, à la couleur rituelle, les personnages de l'Ecriture. Pourtant, la France, l'Italie, la Flandre, chacune saura reconnaître les siens (1).

Il a existé, jusqu'au milieu du XIVe siècle, des préceptes religieux et traditionnels qui s'imposent naturellement à tout artiste chrétien. Etudiez Giotto, très vite, vous reconnaîtrez tout ce qui, dans cet art, est de style et de pur ritualisme. C'est l'héritage de Cimabué. Celui-là, pas plus que ses maîtres byzantins, n'avait le choix du sujet, du groupement, des formes et des couleurs; les formules hiératiques se substituaient à tout esprit de recherche. Didron, au mont Athos, a découvert un *Guide de la peinture*, rédigé au XVIIIe siècle, par un moine nommé Denis. Les plus anciennes traditions y sont notées. Les peintres du mont Athos, aujourd'hui encore, suivent les règles transmises par le moine Denis, peignant minuticusement leurs chapelles neuves, comme leurs prédécesseurs du moyen âge avaient décoré les monuments victimes des iconoclastes.

La révolution giottesque était trop humaine pour briser tout net avec un passé si légitimement respecté. Elle conserva à titre d'influence cet enseignement qui jadis avait agi comme loi; elle y ajouta une tradition nouvelle, basée sur les habitudes d'ateliers

---

(1) J'ai consulté pour la rédaction de cette étude, en dehors des monographies et ouvrages spéciaux signalés en références : le catalogue de M. Bouchot, pour l'exposition des Primitifs français; les deux ouvrages de M. Emile Mâle, sur l'art religieux en France; les chapitres de M. de Fourcaud et de M. Durrieu dans l'*Histoire de l'art* de M. André Michel; les *Primitifs flamands* de M. Fierens-Gevaërt; et les *Pages d'art chrétien* de M. Abel Fabre.

(1) Volontairement, dans cette étude, j'ai négligé les Primitifs rhénans. Non point que je prétende fondre dans l'école néerlandaise ou mosane le groupe de Cologne ou de Strasbourg, mais il ne m'a pas paru que leur coloris fût un signe très caractéristique de leur individualité ethnographique. Les Cranach, Holbein, Martin Schœngauer, les divers « Maîtres » anonymes de Cologne, Albert Dürer, malgré leur mérite et leur personnalité, n'entrent donc point dans ce sujet.

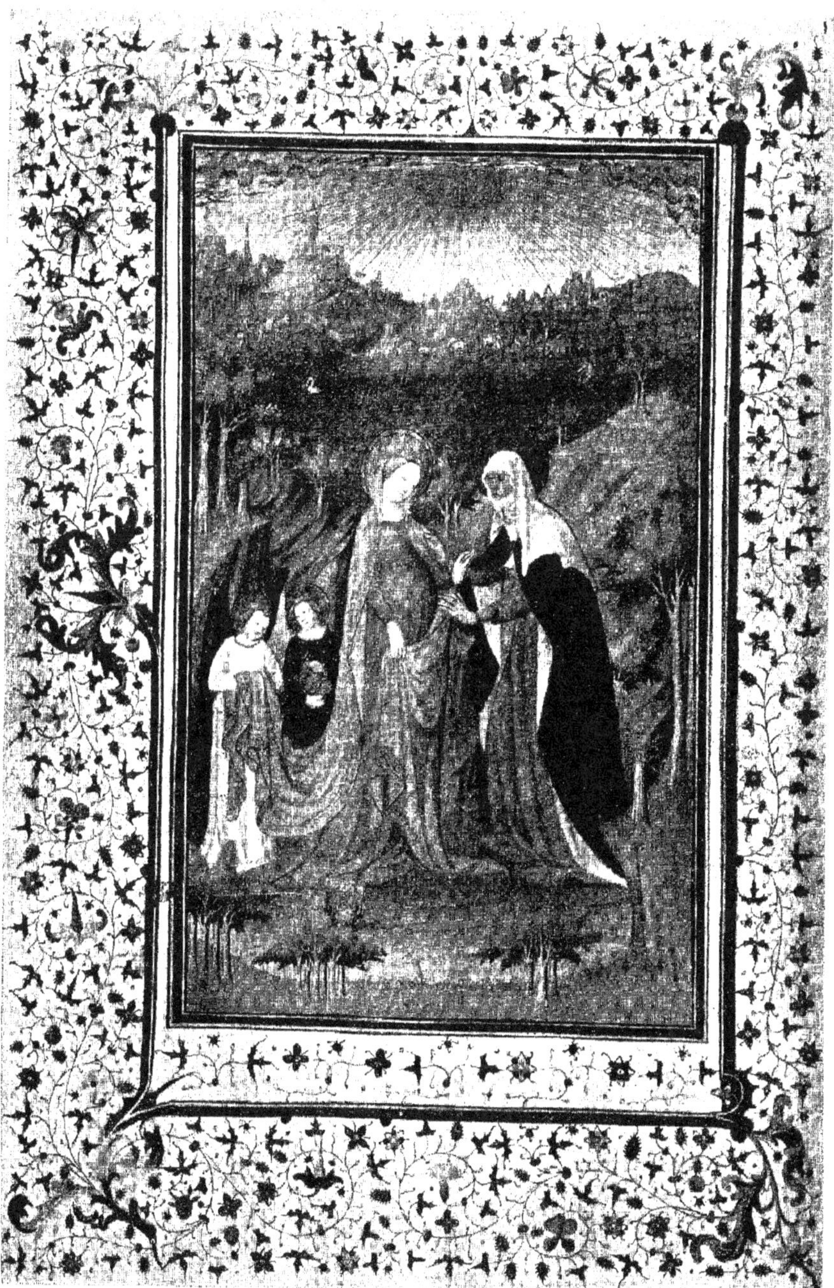

Primitif franco-flamand: *La Visitation*.
(Miniature des « Heures de Boucicaut ». Musée Jacquemart-André.)

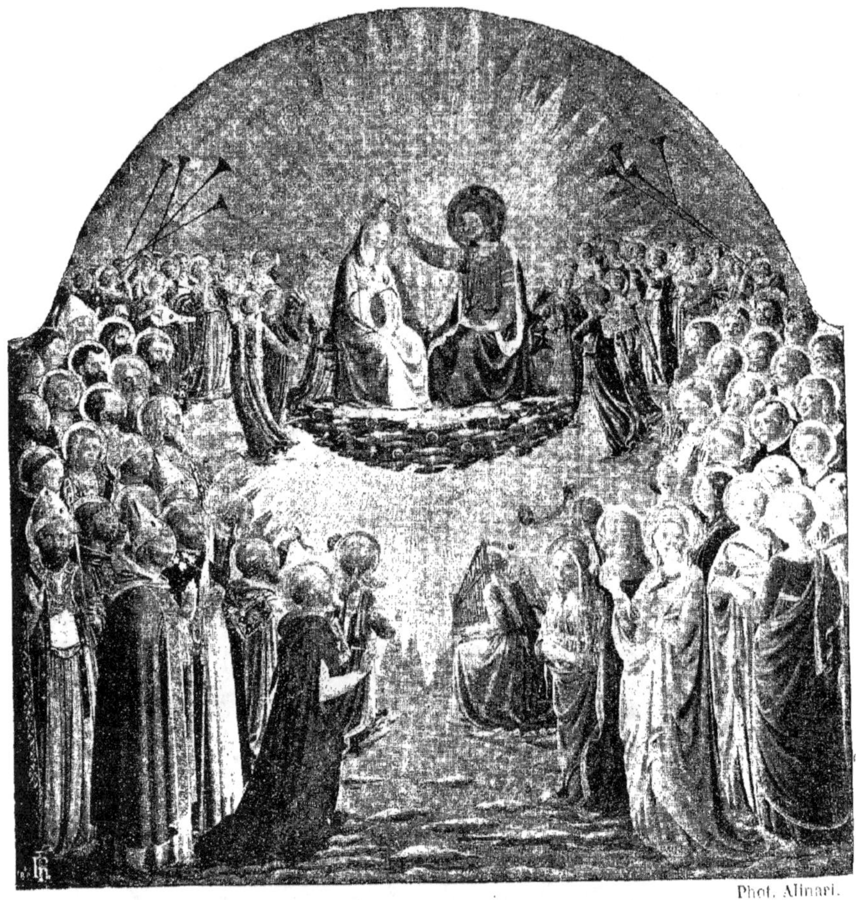

Phot. Alinari.

FRA ANGELICO : *Couronnement de la Vierge.* (Florence. Uffizi.)

et sur les scènes populaires de la vie catholique occidentale. Mais la peinture de ce siècle était trop pénétrée de son rôle éducatif pour qu'elle allât risquer son étude au spectacle de la vie laïque. Étant elle-même une occasion d'édification, elle devait puiser ses éléments de prédication à la chaire d'un docteur voisin : la scène religieuse. Il est assez remarquable que le réalisme du moyen âge est fondé moins sur l'étude de la nature que sur celle du théâtre. L'internationalisme du théâtre, aussi « nécessaire » que l'internationalisme chrétien, explique et légitime l'uniformité du costume et de la décoration, chez les Primitifs de toutes les latitudes. Pourquoi les anges de

Van Eyck, de Fouquet, de Van der Goes, de Fra Angelico et d'Orcagna portent-ils de lourdes chapes aux couleurs éclatantes, fermées par des agrafes d'orfèvrerie, comme de jeunes acolytes servant une messe sans fin ? Tel était le costume des anges dans les mystères (1). Dieu, à la fois pape et empereur, porte la couronne fermée et la tiare, usage consacré au théâtre. Jésus-Christ, pendant sa vie terrestre, est toujours vêtu de violet; après sa résurrection, il paraît voué au rouge. Cette règle est générale pour les tableaux, vitraux et miniatures. Le livret

---

(1) EMILE MALE, *op. cit.*, p. 54 et suivantes du deuxième volume.

d'un mystère joué à Valenciennes nous apprend que ces couleurs étaient de règle stricte. Jésus, dans la transfiguration, porte une robe blanche, il a le visage jaune : l'Évangile ne dit-il point que son corps rayonnait d'une lumière surnaturelle? Et le metteur en scène de la Passion de Gréban note minutieusement : « Les habits de Jésus doivent être blancs et sa face resplendissante comme d'or. » Pour les mêmes motifs, la Vierge portera le manteau bleu, et ses cheveux seront blonds; lorsque la Vierge vieillit, elle prend la coiffe de béguine, et le bleu incline vers le noir. Cherchez des motifs analogues aux bonnets orientaux, aux fourrures, aux orfèvreries des prophètes.

Les pieux artistes du xiiie siècle accueillirent avec respect la tradition du xiie; ils y ajoutèrent quelques innovations discrètes qui manifestèrent un caractère nouveau, grossirent l'acquis traditionnel existant, et se transmirent dans les ateliers pendant plus d'un siècle.

« On peut se demander si toutes ces règles ne furent pas mises par écrit et ne formèrent pas une sorte de Somme que tout artiste était tenu de connaître. L'extraordinaire ressemblance qui se remarque entre les œuvres d'art exécutées pour des cathédrales fort éloignées les unes des autres pourrait le faire croire. Dans les chantiers de nos églises, dans les ateliers permanents que les Italiens appelaient *Opera Del Duomo*, on se transmettait sans doute de générations en générations un manuel d'iconographie, un guide des peintres et sculpteurs.

» C'est par un guide analogue au livre du moine Denis que durent se maintenir chez nous les règles d'iconographie et l'unité de l'art religieux pendant le xiie et le xiiie siècle. Ce livre, nous ne l'avons pas; mais, en étudiant de près les œuvres d'art du xiiie siècle, nous pourrions presque le refaire. Après avoir comparé un certain nombre de bas-reliefs, de vitraux, de miniatures, il ne serait pas très difficile d'en rédiger les principaux chapitres. Voici, pour prendre un exemple, comment on peut imaginer que le guide décrivait la sortie du tombeau : Le tombeau ouvert, Jésus, debout, met la jambe droite hors du tombeau. Il bénit de la main droite, et tient de la main gauche la croix triomphale à longue hampe; deux anges se tiennent à droite et à gauche, l'un portant un flambeau et l'autre un encensoir. Au-dessous du tombeau, dans une arcature trilobée, trois soldats de petite taille sont représentés endormis. Voilà comment, pendant près de cent cinquante ans, fut représentée la sortie du tombeau.

» Si nous possédions un corpus des vitraux et des miniatures du xiiie siècle, nous pourrions faire mille curieuses remarques de ce genre; nous pourrions retrouver tous les canons de l'art du moyen âge et rédiger presque à coup sûr le *Guide de la peinture* au xiiie siècle » (1).

Ce guide ne nous enseignerait point, et pour cause, la grammaire des arts du dessin et la technique de la peinture au moyen âge. En ces matières, l'usage est uniforme en tout pays : jusqu'à Titien, il semble bien que les artistes italiens, si l'on en juge par les dessins exposés aux salles du Louvre, après avoir dessiné en grand détail, étalaient la couleur un peu comme on passe un lavis : Flamands, Italiens, Français pratiquèrent la peinture à la détrempe et la fresque avant que la peinture à l'huile n'apparût presque simultanément dans les trois pays. Loin de nous l'intention de vouloir découronner les frères Van Eyck de la gloire légendaire de leur découverte, mais le fait vaut d'être signalé. Un certain moine Eraclius, dans un traité latin qui n'a pas le ton d'un novateur, enseigne, dès le xe siècle, comment doit se préparer la couleur à l'huile. Au xiie siècle, un autre moine, anglais

____

(1) EMILE MALE, *l'Art religieux du* xiiie *siècle en France*, p. 271 et suivantes. La tradition en cette matière était du reste si bien établie qu'elle franchit la Renaissance et qu'en plein xviiie siècle, Le Blond de Latour pastichant Félibien écrit : « Les habillements des saints et des saintes sont à la discrétion du peintre, si ce n'est que l'histoire lui ôte cette liberté. » Et il passe en revue les personnages de la Bible et du Nouveau Testament, les saints et les anges, notant la couleur prescrite pour chaque pièce du vêtement.

ou allemand celui-là, et nommé Théophile, recommande mille précautions minutieuses et indispensables pour obtenir la couleur pure et durable; car l'huile risque d'altérer certains tons, faisant notamment noircir le bleu. Le même auteur insiste sur le parti qu'on peut tirer des mixtures élaborées suivant ses recettes pour l'achèvement des morceaux de choix, pour l'exécution des figures et des vêtements et le rendu au naturel des animaux, des oiseaux et des feuillages. Plus tard, au XIIIe siècle, Pierre de Saint-Omer, peintre, composait un manuel, *De coloribus faciendis*, où la peinture à l'huile est l'objet d'observations et de recommandations visiblement issues de l'expérience. Enfin Cennino Cennini, élève de Taddeo Gaddi, rapporte, probablement d'après son maître, que le grand Giotto avait, sans succès sensible, à la vérité, essayé certains mélanges huileux pour ses peintures (1).

Donc, au XIVe siècle, tout le monde peint à l'huile; mais personne ne s'est posé la question de savoir suivant quel tour de main la couleur devra être étalée sur la toile; la couleur n'intéresse que l'œil, elle n'est point un objet d'étude pour la main; le problème du style n'existe dans aucun atelier. La couleur ne sert qu'à exprimer ce que perçoit le peintre. Elle est vive, parfois éclatante, sans préoccupation d'expression, sans recherche de symbole. Point de différence entre un brocard, une barbe, une chevelure, une carnation; pas de modes d'empâtement différent. L'esprit artistique est parfaitement objectif; il ne suggère pas, il agit par impression directe. Son but constant est de donner l'image exacte du modèle : « Le mérite que Villani apprécie le plus dans les peintres, c'est le réalisme, l'imitation de la nature, de sa couleur, de son relief. Ce qui lui paraît surprenant et louable par-dessus tout, c'est de pouvoir, sur une surface plane n'ayant que deux dimensions, donner la sensation vraie de la rotondité de la solidité des choses, en leurs

trois dimensions. Boccace exaltait Giotto pour avoir pu réussir à produire un trompe-l'œil si parfait que les gens pouvaient faire erreur et confondre la peinture avec la réalité. Le plus grand éloge pour Boccace qui puisse être fait d'une peinture, c'est de la dire semblable absolument à la nature, « laquelle est mère et opératrice de toutes choses ». Filippo Villani place un certain peintre, Stefano, au-dessus de tous les peintres de son temps comme le plus habile imitateur de la nature; il lui donne le titre suprême : « *Sciama*, singe de la nature. » (1)

En Flandre, Karel van Mander, parlant de Peter Bruegel l'Ancien, écrit : « Au cours de ses voyages, il fit un nombre considérable de vues d'après nature, au point que l'on a pu dire de lui qu'en traversant les Alpes il avait avalé les monts et les rocs pour les vomir à son retour sur des toiles et des panneaux, tant il parvenait à rendre la nature avec fidélité. » Cette obsession du trompe-l'œil, on la retrouve dans cet effort pour lutter de ressource avec l'art des orfèvres, des graveurs, des émailleurs. Un de nos Primitifs copie-t-il un tapis, il le tisse avec son choix des meilleures teintures; s'il peint des marbres, il en observe minutieusement le poli; lorsqu'il fait miroiter dans l'ombre des chapelles les lentilles opalines des vitraux, il arrive à la parfaite illusion.

Mais la fraternité des primitifs, bien plus que par l'uniformité d'enseignement, bien plus que par l'identité des moyens d'expression et des préoccupations intellectuelles, s'affirme avec évidence par un double trait de caractère. Le premier est technique et, pour ainsi dire, négatif : c'est l'ignorance complète de la composition en profondeur; le second est moral et positif, celui-là : c'est l'universalité du sentiment religieux et de la mentalité artistique.

Qu'il soit d'Anvers, de Florence ou de Venise, un peintre né au XIIIe, au XIVe ou au XVe siècle, ne comprendra jamais que, trois groupes de personnages étant répartis sur

---

(1) L. DE FOURCAUD, *la Peinture dans les Pays-Bas et le nord de l'Europe : Histoire de l'art publiée sous la direction de M. André Michel*, t. III, 1re part., p. 176.

(1) HENRI COCHIN, *le Bienheureux Fra Giovanni Angelico de Fiésole*, p. 32.

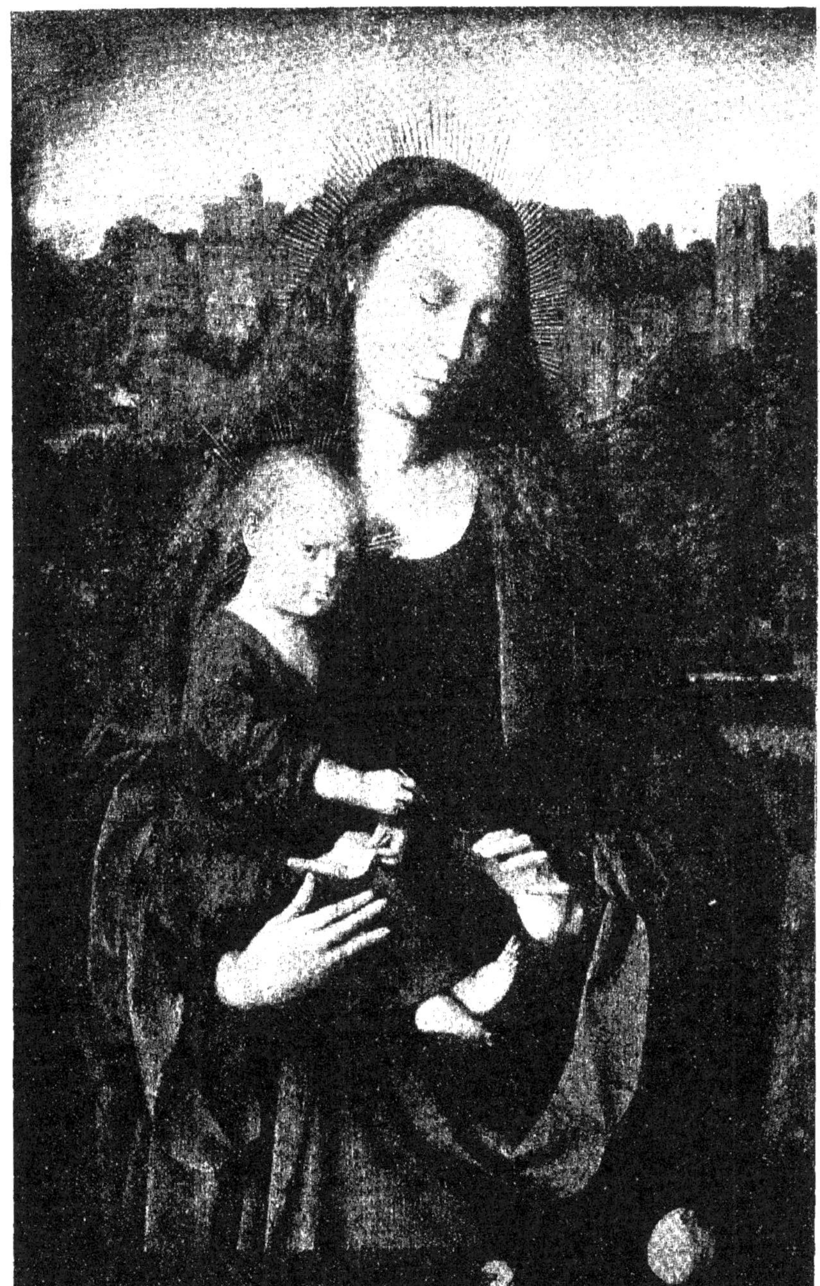

Phot. Bulloz.

École de Bruges : *Vierge*. (Musée Jacquemart-André.)

une profondeur donnée, il puisse entre ces trois groupes exister un lien autre que la pensée commune qui dirige les gestes et anime d'une même émotion les visages des personnages. Or, cette pensée commune n'étant point en soi chose matérielle et visible, le peintre n'en a cure et traite les trois groupes comme trois tableaux distincts. Habituellement, il appliquera l'ensemble sur un fond de paysage, où, rivière, masse d'arbres et de rochers s'érigent comme les figures humaines en une existence individuelle et isolée. D'ailleurs, pour chaque étude prise à part, il peut arriver que l'artiste fasse preuve d'habileté dans l'enchaînement des formes, dans l'association des couleurs. Pas une composition n'atteint à la grandeur émue de la *Mort de saint François,* et le tableau étant tout en premier plan, l'œil ne subit aucune déception; Van Eyck groupe les adorateurs de l'Agneau mystique comme les chœurs des Anges et des Dominations; Mantegna dispose avec une harmonie hellénique la danse des nymphes au Parnasse; du XIIIᵉ au XVIᵉ siècle, c'est un progrès continu dans la finesse, l'éclat, la profondeur des tonalités; on poussera la subtilité jusqu'à la décomposition prismatique des tons. Découverte notable, les primitifs observèrent assez vite la décroissance apparente des dimensions pour les objets s'éloignant progressivement de l'œil du spectateur. La perspective linéaire fut exactement pratiquée au XVᵉ siècle; Mantegna y déploya une virtuosité paradoxale.

Mais ni Mantegna, ni Vinci, à fortiori ni Giotto, ni Memling n'ont jamais remarqué que la ligne ne subit pas seule l'action diminuante de l'éloignement, que la couleur d'un objet s'atténue, s'évapore, en même temps que la hauteur s'affaisse; qu'entre les groupes distincts d'une même scène, l'atmosphère circule librement, l'atmosphère véhicule des rayons du soleil! Et que cette lumière, et que cette atmosphère opèrent dans tout le tableau, depuis les horizons jusqu'au premier plan, une concentration, un rassemblement, qui est l'aspect visible de l'unité de composition! Que la lumière agisse sur les couleurs et crée les tonalités, qu'elle soit l'élément de la valeur relative des tons, jamais les Primitifs ne l'ont su! Pour eux, le ton local est absolu. Solario a peint un manteau rouge au premier plan; il en veut peindre un autre assez loin en arrière: il le colorie de même matière, sans reposer son pinceau sur la palette. Van der Goes a disposé fort habilement des bergers adorant l'Enfant Jésus; des anges circulent à travers la scène: leur petite taille indique leur éloignement, mais le détail des traits et l'éclat des couleurs les placent tout contre le spectateur..... S'il pouvait arriver qu'un primitif expérimenté traitât un ou deux personnages isolés, sans architecture ni paysage adventice, sur fond uni, il éviterait l'écueil fatal et pourrait se placer en parallèle de nos peintres modernes. Et ce n'est point une vaine hypothèse: voyez les portraits de Mabuse, de de Bruyn, des Bellini! voyez le condottiere d'Antonello de Messine!

Ainsi, tous les primitifs, sans exception, sont atteints d'une sorte d'infirmité congénitale. L'une des dimensions du monde extérieur leur échappe, la profondeur! celle qui, en peinture, s'exprime par la perspective linéaire et aérienne, par le progrès de la lumière. Ils n'ont pas le sens du relatif. Pour eux, une couleur est un fait objectif, absolu, indépendant du milieu physique. Pour eux, nul élément concret n'assure l'unité de la composition. La raison d'être d'un tableau est purement subjective : elle réside à la fois dans l'âme du peintre et dans celle du spectateur.

Aussi bien, l'une et l'autre, dans toute l'Europe chrétienne, vivent du même souffle moral.

En Flandre, en Italie, en Allemagne, c'est la même courbe issue de la pensée chrétienne pure et aboutissant à la sécularisation et à l'amoralisme de la Renaissance. Au point initial les caractères se juxtaposent exactement. Cette œuvre où les aspects divers de la foi s'incorporent au tempérament humain, où l'attitude physique semble adaptée à la vie intérieure; cette œuvre qui dégage inconsciemment une telle richesse de

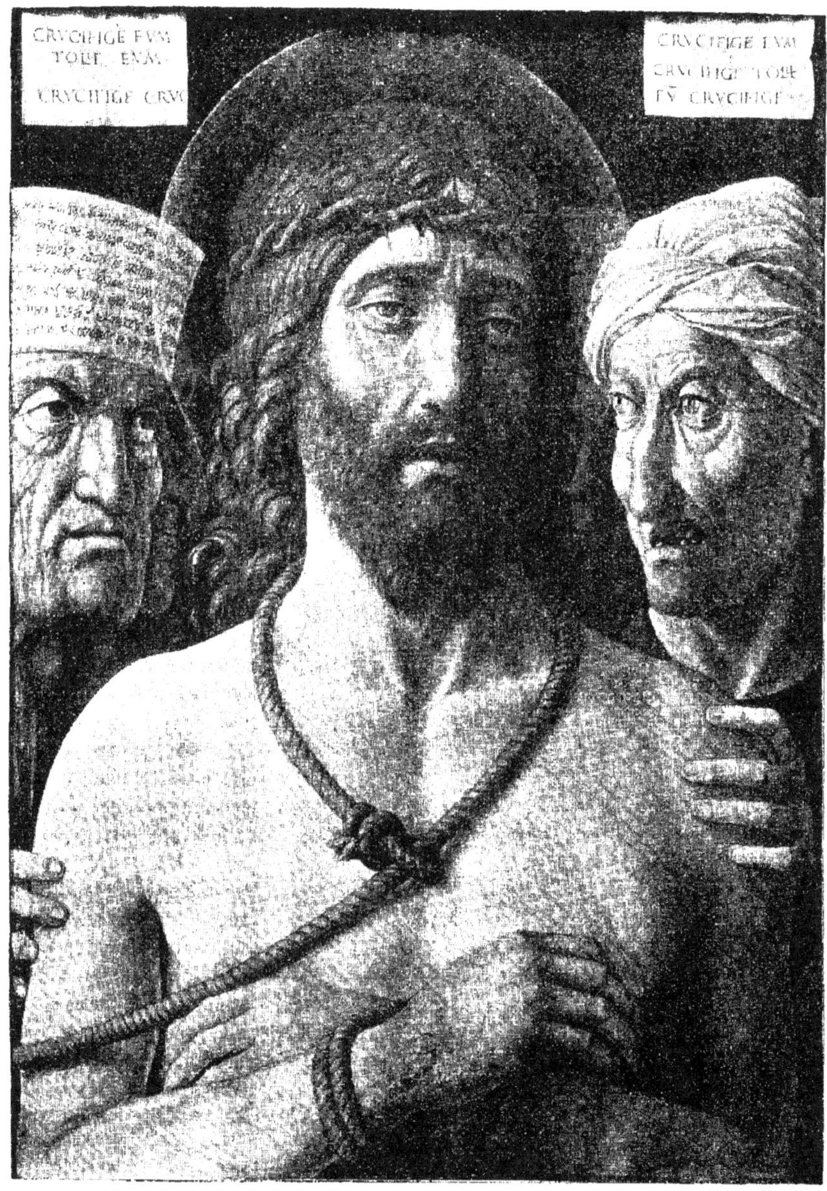

Phot. Bulloz.

Mantegna : *Le Christ aux outrages.* (Musée Jacquemart-André.)

pensée, toute cette vérité définitive du type physique et cette virilité brutale ; est-ce signé Giotto ou Van Eyck ? Et ces visages enfantins et féminins de vierges, ces mains pleines et longues, fuselées et nacrées, ces têtes droites, à la nuque haute et lisse ; la tendresse générale et la grâce répandues sur le tableau, l'amabilité et la délicatesse des types ; ce résultat d'avoir exprimé une âme en peignant un visage ; d'avoir peint toutes les innocences en leur fleur, tous les charmes enveloppant la candeur des anges; une béatitude, une douceur tranquille; une

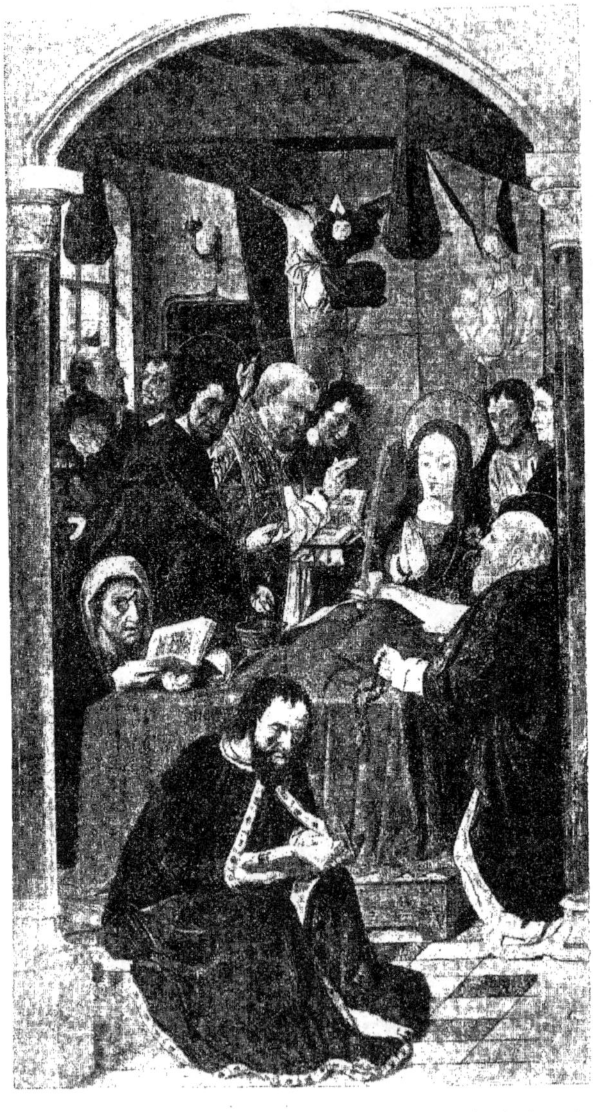

Primitif franco-flamand : *La Mort de la Vierge*. (Musée de Lyon.)

extase du dedans qui ne se voit nulle part; un sanctuaire des âmes en plein repos où rien du monde extérieur ne pénètre..... C'est l'œuvre peint du bienheureux Fra Angelico. C'est aussi celui de Memling.

M. Henry Cochin, étudiant la psychologie du Dominicain de Fiésole, écrit ces lignes : « La peinture, telle qu'il l'entendit, peut être un parfait exercice de vie contemplative : « L'œuvre » d'art, a dit Rio, devenait » dans le silence de la cellule un exercice ascétique, » un acte de foi sur tel ou » tel dogme. » Le jeune peintre florentin est devenu le patient étudiant en théologie; les formes et les couleurs de la nature, les figures et les symboles de l'Écriture sainte, sont pour lui l'expression de la foi, de la doctrine. Il devient le peintre de la théologie de saint Thomas comme Dante en est le poète. Il est un bon contemplatif. » (1)

Or, une telle description morale ne définit-elle pas un Memling supérieur et béatifié ?

Passez de ces altitudes mystiques au réalisme purement humain, qui, guidé par l'afflux antique, mène tout droit l'esprit artistique au paganisme de la Renaissance ! Perdez l'espoir de toute sainte émotion devant ces figures d'un aimable abandon, avec du naturel et de la grâce, certes, mais uniquement décoratives : bourgeoises ou béguines très honnêtes et très insignifiantes, « donna » plantureuses et coquettes (2). Et les étapes de cette décadence sont indifféremment jalonnées par les noms de Massaccio, Benozzo Gozzoli, Ghirlandajo, Pérugin et le Sodoma,

____

(1) HENRY COCHIN, *op. cit.*, p. 128.
(2) ALPHONSE GERMAIN, *la Sainte Vierge dans l'art* (*passim*). Notes d'art et d'archéologie (janvier et février 1914).

ou, côté Flandre, Mabuse, Van der Goes, Van Orley, Conninvloo.....!

Ainsi, nous avons recueilli chez les artistes du xɪᵉ au xvᵉ siècle mille traits communs qui peuvent nous permettre de risquer un type synthétique du peintre primitif : la culture religieuse a modelé sa vie intérieure et son acquis intellectuel. Son inspiration provient de l'Écriture; la composition, le groupement, la couleur lui sont dictés par la liturgie, règle universelle du monde chrétien, ou par les traditions d'ateliers, règles générales des artisans décorateurs. Voici donc, élargie et généralisée, l'hypothèse de M. Mâle et du *Guide de la peinture au* xɪɪɪᵉ *siècle*.

Mais, objectera-t-on, un type semblable paraît si complet, si riche en détails qu'on peut à peine concevoir les variétés que sont appelés à y introduire la race, le milieu et le moment. Lorsqu'un artiste flamand et son confrère d'Italie auront docilement obéi aux multiples prescriptions que leur impose votre type, ils n'apparaîtront point comme deux parents issus de la même souche, mais comme deux Ménechmes interchangeables. On ne voit pas sur quel point la fantaisie, la recherche individuelle trouvera occasion de se manifester !

Elle se manifestera cependant : des peintres qui n'étaient libres ni du choix du sujet, ni de la couleur, ni du groupement, sont parvenus à fonder des personnalités collectives, des écoles originales. C'est qu'il subsiste, malgré tout, certains traits de caractère, certaines qualités essentielles de race que le peintre exhibe inconsciemment et qui donnent à son œuvre la marque nationale. De ces particularités de race, l'une des plus saillantes est l'aptitude à sentir la couleur. Si la palette est sommaire, qu'importe à un peintre dont l'œil est sensible aux nuances! il gagnera en profondeur ce qu'on lui refuse en variété. C'est à l'occasion d'un rouge, d'un vert, d'un jaune, qu'il montrera l'éclat, la finesse, la profondeur dont est susceptible l'un de ces tons. Ni la liturgie catholique ni la discipline de la ghilde ne lui interdisent la recherche des cas particuliers intéressants, les reflets

changeants de la soie, le déploiement d'un paysage à l'arrière-plan d'une scène biblique. Les œillères des Primitifs leur laissaient licence de pousser fort loin la perfection technique obtenue par la subtilité de l'œil et la conduite de la main. Les Vénitiens et Florentins, grâce à une sorte de réflexe naturel et une vocation spontanée; les Flamands, avec l'ardeur immodérée d'amateurs sevrés par le climat des joies de la lumière, passeront maîtres en cette étude.

Pour ce motif, trois triptyques étant donnés, représentant le même sujet, escortés tous trois de portraits de donateurs, comportant même mise en scène et même coloris, on distinguera assez facilement l'œuvre de Bruges, l'œuvre toscane, l'œuvre parisienne.

Et, en dehors des motifs d'érudition et des sources historiques qui permettront l'identification, celle-ci s'appuiera vraisemblablement sur le type ethnographique des figurants et certainement sur les caractères du coloris.

Un Vénitien, un Ombrien, un Florentin peignent comme ils chantent, avec tant d'élan et de spontanéité qu'ils paraissent accomplir une fonction naturelle; leur œil est aussi juste que leur voix; ils dégagent l'art presque inconsciemment, à la manière de l'oiseau de paradis, qui, à son insu, nous éblouit par son plumage. A Sienne, où persiste le canevas byzantin, le bleu symétriquement dégradé par les longs plis hiératiques, les roses et les jaunes mourants, le vermillon flambant, nouvellement apparu sur les palettes, toutes ces taches harmonieuses se posent sur l'or du fond comme un éclatant et délicat bouquet. Chez Fra Angelico, c'est la gamme chromatique du bleu — le bleu terreur des peintres — qui se déploie avec une aisance provocante à travers le large et majestueux drapé d'une robe. Le vermillon vibre comme un trille; et voici des tuniques d'un rose frais et alangui ou d'un blanc ombré de bleu clair qui nous montrent dans quelle mesure les prescriptions rituelles tenaient en servage un tempérament de peintre né? Avec Filippo Lippi, l'art abandonne les tons puissants et austères de la fresque, la facture menue et mignarde de la miniature; le modelé du ton se masse académiquement. Ghirlandajo y ajoute une somptuosité légère, un faste aisé; l'incomparable éclat et la souplesse d'un jaune orange ou d'un rouge cerise, l'aspect aérien d'une tunique d'ange vaporeuse et gris-bleu clair couleur du temps.

Tous ces maîtres nous parlent un langage fort net, étalant un jaune lorsqu'ils veulent nous soumettre un jaune; ils ignorent le discours indirect et n'ont pas encore appris à peindre vert pour nous faire voir rouge. Un pareil sophisme était réservé à Mantegna : celui-ci excelle à disloquer, à rompre un ton, obligeant notre regard à sautiller sur place, pour ainsi dire, au lieu de se poser longuement et de se pénétrer de la substance essentielle de la couleur : précieux artifice pour qui doute de la pureté ou de la solidité de son coloris, habileté dolosive, mais presque plus méritoire que l'honnêteté inexperte.

Peut-être est-ce la pratique du ton rompu, peut-être quelque intuition prophétique qui amena Mantegna aux étonnantes tentatives que nous observons dans le « Parnasse ». Cette tunique verte, dont le ton en s'assombrissant évolue en pourpre; et cette autre, orange, dont les plis se creusent en éclats de bronze verdi; ces draperies bleues avec des reflets feu, blanches, rehaussées de gris vert! C'est, au début du xvie siècle, la théorie illustrée des complémentaires; c'est la décomposition de l'impression visuelle !

Or, cette surprenante initiative demeura longtemps stérile; ni Vinci, ni Raphaël, ni Titien, ni Michel-Ange ne présentent la marque sensible et suivie de recherches analytiques des tons. On peut croire la découverte morte, lorsqu'elle réapparaît au temps et chez l'homme les moins suspects de témérité. Etudiez au Louvre, dans la salle du xviᵉ siècle, le *Moïse sauvé des eaux* et l'*Eliézer et Rébecca* de Poussin; voyez ces draperies jaune-orange ombré de brun, cette tunique verte relevée de ton brique et ces alternances rythmiques de bleu clair et de bleu profond; examinez de près la tunique d'un jaune miroitant, la culotte verte zébrée de rouge d'Eliézer; et ces jupes

d'un rose évoluant en tons livides; ces chemises lilas, résultat déguisé d'un fond bleuâtre et de solides ombres lie de vin, l'ensemble frôlé par des rappels verdâtres (1). Une tradition se fonde. Presque en même temps, Rubens a marqué le même point; survienne un Watteau, le cycle d'évolution de la couleur sera accompli.

Les Flamands semblent concevoir la couleur comme matière précieuse, rare, à l'usage d'une aristocratie d'amateurs qu'une culture intellectuelle étendue a mis à même de goûter des beautés dont leur pays était peu prodigue. Les peintres l'étudient avec une passion de collectionneurs. Nul plus que les primitifs flamands n'a recherché à la fois les qualités propres du ton, sa fermeté, sa plénitude, son éclat et l'harmonie combinée des couleurs juxtaposées; enfin, poussant très loin leurs recherches, ils ont prévu la décomposition optique des tonalités et abordé le délicat problème du clair-obscur et de l'enveloppe aérienne (2).

Dès l'origine, on constate chez Van Eyck une gravité sourde et riche, des tonalités extraordinairement harmonieuses et fortes. Dans la *Vierge au Donateur*, « la couleur ruisselle à pleins bords » (Fromentin). En parallèle, Memling connaît les blancs onctueux et les pourpres riches. Il manie un bleu nourri de principes colorants, de substances consistantes, un bleu indigo qui semble provenir d'un ancien émail japonais. Ceux-là sont les maîtres; les disciples ne déchoient point : Gérard David rivalise en mérites et Quentin Metsys l'emporte en fan-

---

(1) Il ne semble pas que cette tentative de Poussin ait attiré l'attention des contemporains; bien au contraire, la pauvreté de son coloris était proverbiale. Ce tableau, l'*Eliézer et Rébecca*, a donné lieu, à l'Académie, à une controverse fameuse entre Le Brun et Philippe de Champaigne. On y contesta, d'une part, on y célébra, d'autre part, la noblesse du sujet et de la composition. Personne ne paraît avoir remarqué l'étonnant coloris du tableau.

(2) Il est bien entendu que je ne signale, parmi les Primitifs flamands, que les artistes dont le coloris présente un caractère nettement personnel. On ne trouvera pas ici l'esquisse d'une histoire générale de la peinture en Flandre. La même remarque s'applique aux développements relatifs à l'Italie et à la France.

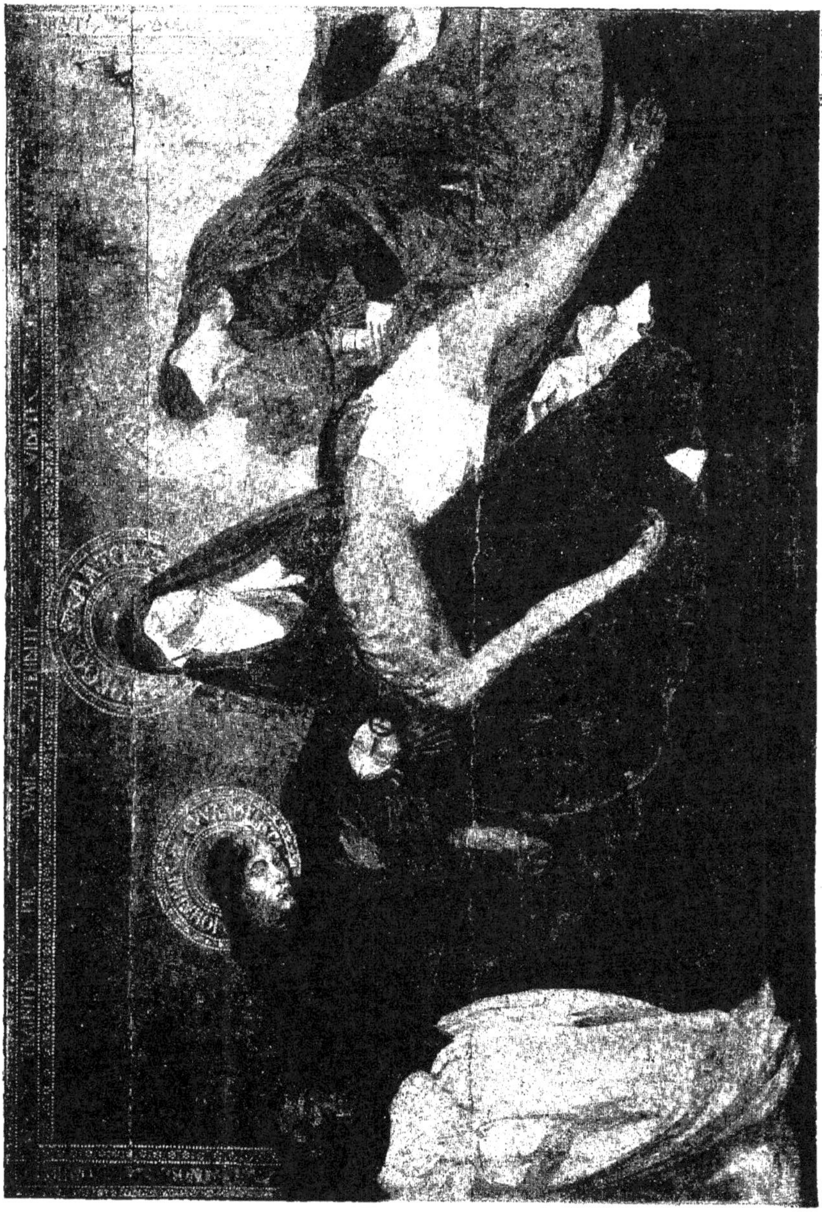

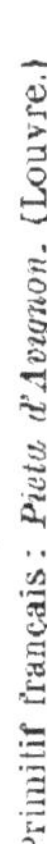

Primitif français : *Pietà d'Avignon.* (Louvre.)

Phot B P

taisie. Celui-là sait voir l'équilibre des tons dans l'étendue d'une surface.

Dans la *Décollation de saint Jean-Baptiste,* du musée d'Anvers, sur la belle robe de Salomé, il attache une écharpe verte qui tombe de la ceinture, divisant en deux la jupe aux tons changeants. Par là, la taille apparaît en évidence et la grande tache rose est moins éblouissante ; même procédé dans l'*Ensevelissement du Christ,* qui l'avoisine dans le même triptyque. Le peintre, prudemment, interpose une écharpe entre la masse de la robe bleue de Magdeleine et son manteau de même couleur (1).

Voyez Peter Bruegel l'Ancien : ses jaunes d'or, rouges, blancs laiteux se coudoient sans se nuire, gardant leur timbre propre dans un concert d'une irréprochable harmonie. Bruegel a contribué à fonder la palette de Rubens.

Et ces Primitifs sont habiles : Karel van Mander a vu travailler Jérôme Bosch : « Comme nombre d'anciens peintres, dit-il, il avait coutume de tracer complètement ses compositions sur le blanc du panneau et de revenir ensuite par des teintes légères pour ses carnations, attribuant pour l'effet une part considérable au dessous. » D'une recherche plus subtile, c'est Memling qui, s'étant distrait à étudier des reflets lumineux dans une cuirasse ou un casque, analyse ensuite la transparence d'un tissu frôlant un visage : « Le voile du hennin n'est sensible que par ses contours et par la blancheur plus prononcée des parties couvertes. Le peintre ne distingue pour ainsi dire plus le voile de la tête et établit une relation étroite entre l'étoffe et les chairs. Memling ouvre ainsi le chemin aux techniciens des siècles futurs, et, pour rendre la diaphanéité des tulles et des linons de Flandre, Quentin Metsys n'aura pas de procédés plus modernes. » (2) Le même, dans le *Mariage mystique* étudiant le grenat foncé ou le rouge étouffé d'un vêtement, s'efforce de décomposer le ton vu dans l'ombre, s'essayant ainsi à des combinaisons de palette d'une déconcertante subtilité. Du reste, cette puissance d'analyse devait se transmettre avec fruit chez les Flamands. Dans un ordre d'inspiration et chez un artiste fort différents, le *Dénombrement de Bethléem* est un véritable paysage impressionniste. Bruegel a couvert de glace verte un étang gelé ; un soleil rouge dans un ciel pâle, une église rose, et le tout peint par taches chromatiques, quel surprenant pressentiment artistique ! et Jérome Bosch, dans

le *Portement de croix* s'engage dans des transparences de tons, des chatoiements d'étoffe, des dégradations lumineuses, des colorations prismatiques, des teintes d'arc-en-ciel qui font de cette œuvre une sorte de carnaval de couleurs. Et nous sommes au xv° siècle, et ce peintre est un primitif !

Nous hasardions un peu hardiment une filiation entre Bruegel et Rubens, il ne serait pas plus téméraire de placer Jean Van Eyck parmi les ancêtres de Rembrandt. Est-ce à cause de cette lumière élyséenne qui baigne l'horizon de l'*Agneau mystique,* ou du clair-obscur ingénu de la *Vierge au donateur ?* C'est bien plutôt parce qu'il est l'auteur certain de ce chef-d'œuvre mal connu qu'est le *Bourgeois et sa femme* de la « National Gallery ». Les deux personnages ont un charme contrasté fréquent chez Van Eyck : lui, apparenté à quelque chancelier Rollin, elle, rappelant la femme même du peintre, telle qu'on la voit au Musée communal de Bruges. Malgré leur beauté, ces figures ne comportent point l'art d'un précurseur. Mais contemplez longuement cette pièce close où flotte la lumière ; et cette lumière, suivez-en le sillage depuis la baie ouverte, réduite en perspective à une raie éclatante ; notez son frôlement contre les profils qu'elle illumine progressivement, contre la suspension de cuivre, les fourrures et le lourd chapeau de l'homme qu'elle couronne d'une discrète auréole, jusqu'à ce qu'elle s'étale, enfin, comme une rosace, en heurtant la muraille du fond.....! Voyez cette continuité admirable et ce miracle de la lumière circulant dans l'atmosphère sans presque aucun point d'appui matériel, et dites-vous que l'auteur de ce chef-d'œuvre est un primitif puisqu'il vivait au xv° siècle ?

Aussi bien, Van Eyck présente à un très haut degré des qualités d'observation qu'il ne possède pas seul. Voyez, derrière la tête de Martin Van Niewenhoven (hôpital Saint-Jean), le vitrail entr'ouvert laissant pénétrer le grand jour du dehors et déployant la campagne radieuse en antithèse avec la pénombre de sacristie où prie le donateur. Mais le clair-obscur des grands horizons ouverts, plus rare et plus inattendu dans un

---

(1) Jean de Bosschère, *Quentin Metsys,* p. 89.
(2) Fierens-Gevaert, *les Primitifs flamands,* fasc. V.

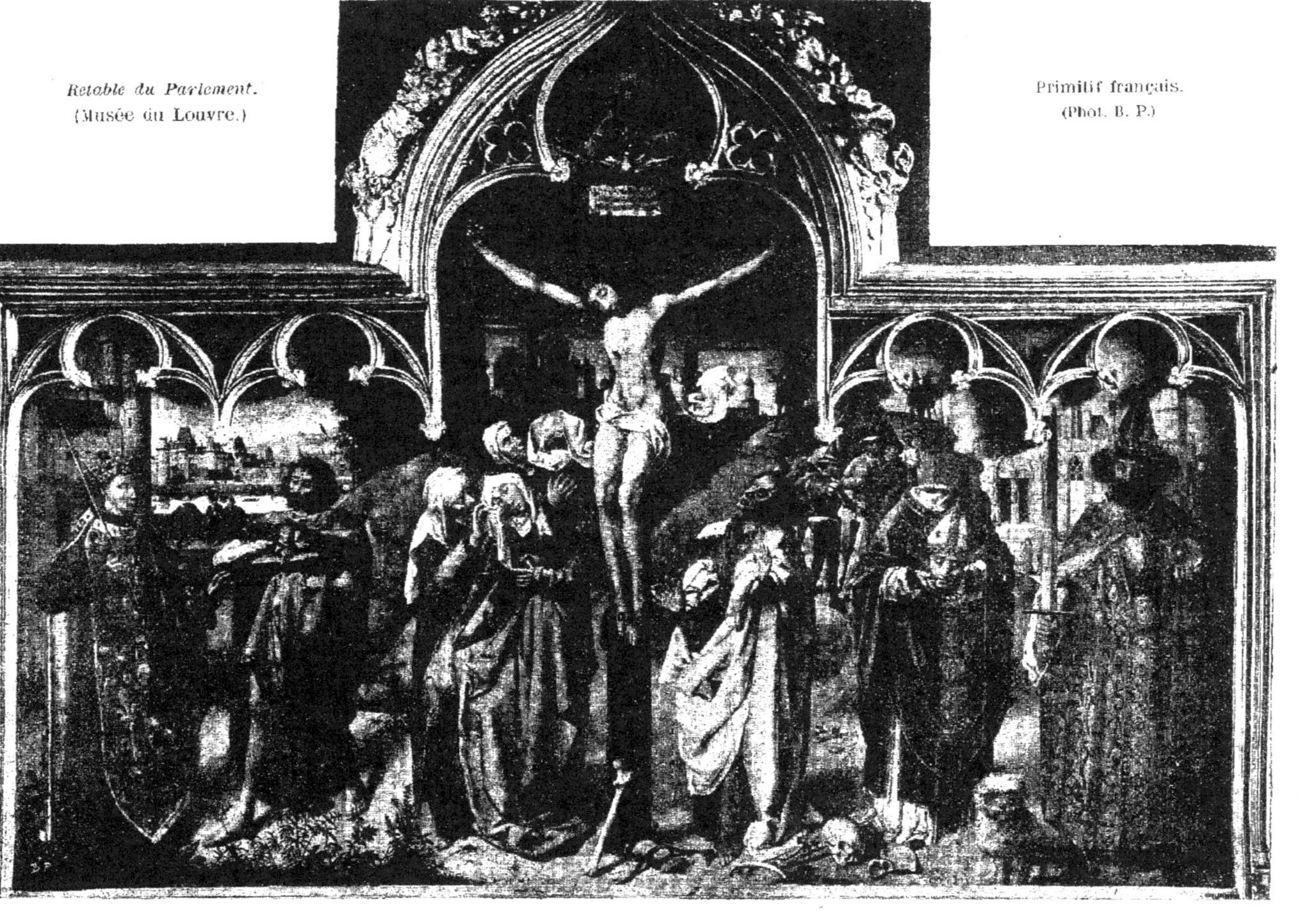

Retable du Parlement.
(Musée du Louvre.)

Primitif français.
(Phot. B. P.)

monde qui ignora ou presque la perspective aérienne, celui-là même, on en trouve de fermes promesses chez de Bles, et surtout Patinir. Fromentin, dans la *Tentation de saint Antoine*, admire ce paysage vert bouteille et vert noir, le terrain bitumeux et le haut horizon des montagnes; le ciel bleu de prusse clair, les taches audacieuses et ingénieuses, le noir terrible qui sert de tenture à deux figures nues, le clair-obscur si témérairement obtenu à ciel ouvert.

Notre école nationale de Primitifs est assez mal déterminée, quant à son champ matériel d'action, la Flandre réclamant une zone d'influence s'étendant jusqu'à Paris et Dijon, l'Italie prétendant s'annexer Avignon. M. Fierens Gevaërt et M. Bouchot ont bataillé pour la possession de la vallée de la Meuse. Le bassin de la Loire et le Massif central demeurent incontestés. A la suite de l'inoubliable exposition des Primitifs français, nous pûmes concevoir de longs espoirs et de vastes pensées; mais depuis cette date, le regain de l'opinion ancienne, peu favorable aux vieux maîtres, a été assez fort pour que M. Hourticq écrive dans son *Manuel d'histoire de la peinture*: « A l'occasion de l'exposition de 1904, les opinions courantes ont été fort malmenées, et, en somme, peu modifiées. » Il reste donc acquis que nos Primitifs français, de même que les Primitifs allemands, « forment une école secondaire qui a plus reçu que donné et à laquelle un art étranger, plus vite arrivé au but, est venu apporter la solution dernière qu'elle n'avait pas encore trouvée » (1). Ajoutons que si l'on cherche à mettre en évidence le caractère national des peintres nés en France entre le XIe et le XVIIe siècle, on y parviendra difficilement par des publications d'actes de baptème, de commandes de tableaux ou de quittances de payement. Les traits les plus saillants sont les qualités artistiques, trop souvent négligées par les érudits. Avec des dons naturels fort inférieurs à ceux des Flamands et des Italiens, les Primitifs français ont cependant constitué une école d'une personnalité très originale.

Ce n'est point par le charme de leur coloris qu'ils s'imposent à l'attention; j'entends les Français de France, à l'identité établie, et ceux-là ne sont pas si fréquents. Parcourez d'un lent coup d'œil circulaire la salle des Primitifs au Louvre; réservez les portraits, car ils méritent un examen spécial, et faites un inventaire sommaire; quelques œuvres vous ont séduit par une harmonie et une chaleur de ton, évocatrices d'impressions déjà éprouvées; approchez-vous : auteur inconnu, école de Memling, école d'Avignon; et puis, Perréal, Charonton, Froment, le Maître de Moulins. M. Bouchot, pressentant cette déception, formule presque un aveu : « Fouquet ressemble à Van Eyck, parce que tous deux ont suivi le même enseignement, l'un dans les Flandres par Jean de Bruges, ou tout autre, le second par les artistes du duc de Berry, élevés à une pareille école. Et ce qui sortira d'eux, dans le nord la Pasture ou Memling, chez nous l'admirable et merveilleux peintre que nous nommons le Maître de Moulins, Bourdichon ou Perréal, Clouet même encore, s'annonceront comme le prolongement d'un même rameau d'origine. Accordons aux amoureux d'Italie que ces hommes eussent regardé les Italiens! » Certes, oui, l'origine est la même, et on peut dire que nos peintres sont coloristes dans la mesure où ils se sont assimilé l'enseignement flamand ou italien. Ce Malouel est bien le plus inégal et le plus borné des ouvriers peintres. Il pratique, sur le fond d'or, quatre couleurs, rouge, bleu, vert et blanc, toutes quatre directes et telles que le marchand les lui a fournies; son vermillon est décent, mais ce bleu, redoutable, lourd, opaque, supportable seulement parce que le regard s'amuse aux gros ornements dorés plaqués à même. Et cet « admirable et merveilleux peintre que nous nommons le Maître de Moulins ». Ces rouges, ces verts et ces violets, à la fois poisseux et aigres, qui soulèvent le cœur et font grincer les dents. La *Vierge glorieuse* de la cathédrale de Moulins offense l'œil par le conflit des tons les plus déconcertants; un

---

(1) Abel Fabre, *Pages d'art chrétien*, III, p. 51.

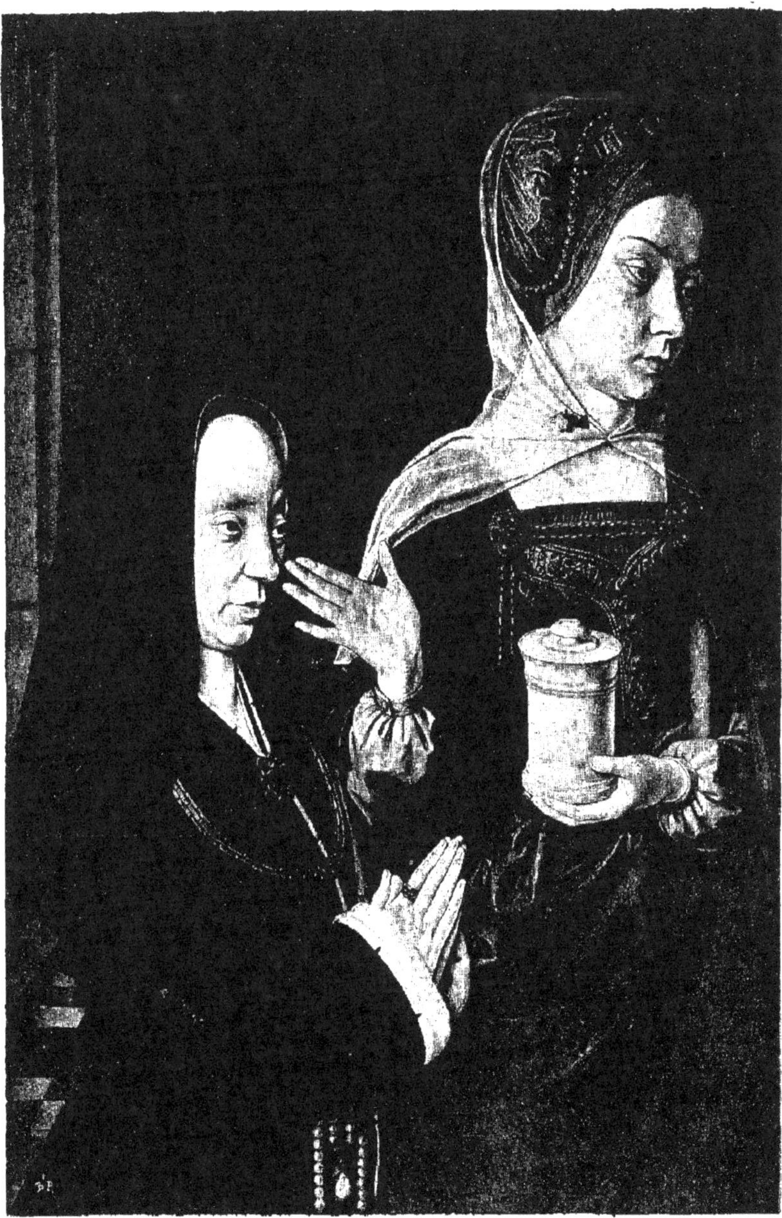

Le Maître de Moulins : *Sainte Madeleine.* (Louvre.)

arc-en-ciel, une mare jaune avec ces verts et ces violets si bassement vulgaires. L'œil des Français est-il donc incomplet ou infirme?

Peut-être, mais alors c'est l'œil seulement, car voici maintenant les aspects flatteurs de notre talent! Chaque fois que l'intérêt attaché à l'œuvre se porte sur le sujet et laisse dans l'ombre la qualité des tons, la valeur du tableau soudain se révèle et s'impose. Malouel, à côté de ses empâtements d'enfants mal doués, traite admirablement un visage, dans un modelé clair, souple et fondu. Et quant au Maître de Moulins, c'est un grand malheur qu'il ne se soit pas contenté de dessiner; nous aurions l'agrément de contempler ses excellents portraits, ses belles draperies du voile de sainte Madeleine ou du manteau de saint Pierre, et les remarquables paysages qui forment le fond de ses tableaux. Etudiez la *Vierge glorieuse,* de la cathédrale de Moulins, sur une gravure ou une photographie, pour n'être pas trop choqué de ce trou brutal ouvert par la figure centrale. Gestes hardis des anges supportant la couronne, attitude respectueuse et souriante des anges latéraux qui s'adressent à Jésus; plis menus et cassés des soutanelles, drapé sculptural des robes blanches; lumière dégagée du fond, et, par frôlements atténués et décroissance progressive s'éteignant au bord du tableau, toute cette habileté est comparable à ce que les maîtres de l'étranger ont donné de meilleur. Mais il y a plus, et ce n'est point seulement l'étonnante virtuosité de la main qu'une couleur inconsidérée nous avait masquée, c'est un mérite plus haut. « Accordons, dit M. Bouchot aux amoureux d'Italie, que ces hommes eussent regardé les Italiens, ce n'est pas d'eux qu'ils ont pris leur esprit ni leur splendide naïveté. Les Italiens n'ont rien de semblable, ce sont des décorateurs païens. » Car telle est la vraie caractéristique et la grande vertu de notre art primitif, c'est sa portée psychologique. La plus émouvante de leurs œuvres serait celle que le temps aurait dévastée avec discernement, détériorant la couleur, conservant l'expression des visages et des attitudes; c'est un peu l'aventure survenue à la *Pieta* d'Avignon, au musée du Louvre; on distingue dans l'or vieilli du fond un rouge, un jaune, le manteau bleu foncé de la Vierge, voilà toutes les tonalités, et fort ternies. Mais quelle variété et quelle maîtrise de style dans le modelé fondu, les joues fraîches, le ton savoureux de la sainte

femme de gauche contrastant avec la figure de droite plus sèche, plus contenue, et, du reste inachevée. Le visage de la Vierge est construit en plans aigus et minces, de ton pâli; la tête du donateur à grands méplats solides, tempe et maxillaire creusés, pommette saillante, semble une ébauche de sculpteur. Et quels blancs? blanc du voile de la Vierge, à petits plis brisés; blanc du surplis du donateur, se développant en un ample drapé oratoire commandé par le bras et les mains croisées; blanc livide du corps du Christ, coupé du blanc cru de la ceinture. L'homme qui a tenu ce pinceau n'avait rien à demander aux peintres de son temps, quelle que fût leur marque d'origine, et ceux du nôtre gagneraient à le consulter. Mais, songeait-il même à cet exercice de la main, à ce style dont nous restons émerveillés? N'a-t-il pas plutôt entrepris d'exprimer, autour de cette tragique figure du Christ d'une rigidité hiératique et réaliste à la fois, une sorte de concert de la douleur humaine : gros chagrin violent et enfantin des saintes femmes; émotion profonde et grave du prêtre dont le visage prononce visiblement les paroles saintes : « Seigneur, que votre volonté soit faite! » douleur plus qu'humaine, transport divin du cœur de la Vierge. En peignant des visages, le peintre inconnu de la *Pieta* d'Avignon a su exprimer des âmes.

Par leur goût naturel pour la recherche psychologique, par leur expérience manuelle à malaxer sur la toile la pâte colorée — fût-elle de tonalité déplaisante, — les Français étaient désignés pour le rôle de portraitistes. Ils le remplirent avec éclat, et dès le début. Voyez ces portraits historiques de Jean le Bon et du dauphin Orland; ces images ineffaçables du roi René et de Jeanne de Laval, sa femme, peints par Nicolas Froment, qui travaille à la moderne, par empâtement, comme Enguerrand Charonton, dans le *Buisson ardent,* d'Avignon, à la différence de la plate peinture de Van Eyck et des Italiens. Puis voici Fouquet avec Charles VII, Juvénal des Ursins et Etienne Chevalier. Enfin les Clouet et les dessinateurs du XVIe siècle. Ceux-là, pas

plus que les hommes des générations antérieures, n'ont à un degré appréciable le
sens des qualités propres du ton, mais ils
ont découvert comment ce ton pouvait de-
venir une sorte de commentaire visuel et
d'interprétateur de la vie morale. Ce n'est
pas l'inconsciente attraction des éléments
composants, ou la luminosité qui enchaîne
ou éloigne les couleurs, c'est le caractère
psychologique du sujet qui commande à
leur association : telle âme est bistre, avec
des reflets lilas et la variation chromatique
de ce ton de base accompagne la description
morale du personnage. Voyez ce modelé flou,
ces tons brouillés, tout cet air équivoque des
contemporains de Henri III ou de Charles IX,
ces fonds verts de Corneille de Lyon s'accor-
dant aux tons livides ou plombés de cour-
tisans à la physionomie malsaine et hypo-
crite. Les Clouet et leur école dressent un
réquisitoire avec documents psychologiques !
A côté d'eux, dans la même salle, Titien
fait scintiller le satin et la soie, friser la
barbe, jouer la lumière dans des accessoires
de luxe ! Quel est, humainement parlant, le
plus vrai de ces deux arts ?

Ainsi, trois nations, durant le moyen âge,
avaient accompli lentement l'apprentissage
technique, grâce auquel l'art du peintre au
xvᵉ siècle allait atteindre à son apogée. Dociles à l'influence du milieu ou à une vocation héréditaire religieusement transmise,
la Flandre et l'Italie avaient poussé très
loin l'éducation de la sensibilité visuelle et
l'esprit d'analyse : ils étaient parvenus à
surprendre la vibration lumineuse des couleurs, le secret de leur éclat, la raison de
leurs sympathies ou de leurs discordances.
Les Français moins doués physiquement ne
surent pas tirer parti de ces progrès accomplis par les voisins : ils ne trouvaient rien à
apprendre, aucun principe didactique ne
saisissait leur intelligence, au spectacle de
ce libre jeu de qualités spontanées. Mais fort
en avance sur leurs rivaux en netteté et
maîtrise de la pensée, ils apprirent à peindre
en même temps qu'à écrire en prose ; ils
s'efforcèrent de réaliser un idéal d'expression parfaitement cohérent avec la pensée
qu'elle enveloppe et si ajustée à celle-ci
qu'elle s'y incorpore, pour ainsi dire, et
devient invisible. Ils avaient découvert le
style, alliance tacite de l'esprit et de la main,
où la main disciplinée et assouplie devient
la collaboratrice infaillible au service de
l'esprit. Ils fondaient une école.

Le Primatice et l'école de Fontainebleau,
instrument du snobisme national, allaient
détruire et disperser ces germes déjà
vigoureux, ruiner ces espérances naissantes
et inaugurer le déplorable enchaînement
de malentendus et d'occasions manquées
qui résume pendant quatre siècles l'histoire
de la peinture dans notre pays.

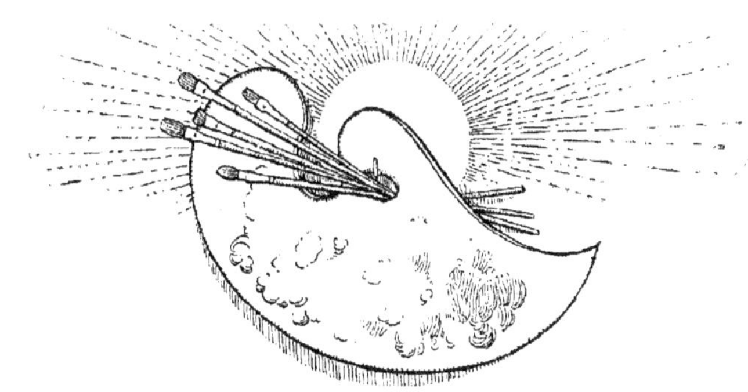

III. LA PLACE DE WATTEAU
DANS L'HISTOIRE DE L'ART FRANÇAIS

LA peinture française du xviiie siècle fut, en Allemagne, l'hiver de 1909, l'objet d'une manifestation retentissante. Les œuvres de Watteau, Pater, Lancret, acquises en leur temps par le grand Frédéric, furent rassemblées à Potsdam, et l'empereur daigna présider au vernissage posthume de cette exposition : le succès fut considérable. Sans avoir eu la bonne fortune d'assister à semblable fête, on peut assez facilement en imaginer l'éclat si l'on se rappelle le spectacle inoubliable que présentait à l'Exposition universelle de 1900 le pavillon impérial allemand orgueilleusement décoré de ces mêmes toiles offertes aujourd'hui à l'admiration des Berlinois. Et, pour tout dire, l'enthousiasme unanime soulevé par l'*Embarquement pour Cythère*, l'*Enseigne de Gersaint*, la *Danse*, le *Concert*, l'*Amour au théâtre français et au théâtre italien*, ne laisse pas que de nous donner à penser. Est-il possible de ne point éprouver quelque mélancolie en constatant, comme un témoignage séculaire d'incurie nationale, cette émigration en Prusse des maîtres les plus caractéristiques de l'art français? N'était la collection du baron Lacaze au Louvre, nous serions presque obligés, pour connaître Watteau ou Pater, de faire le voyage de Berlin.

Ce sentiment de dépit patriotique s'implanta si bien dans l'esprit du public français artiste qu'il vint donner toute l'ardeur d'une revendication nationale à une contestation qui s'éleva entre quelques critiques au sujet de l'attribution à Watteau du tableau intitulé : l'*Enseigne de Gersaint*, exposé à Potsdam. « L'*Enseigne* authentique, écrivirent MM. A. Alexandre, Louis Vauxcelles, Gustave Babin, Armand Dayot, Gabriel Mourey, appartient à M. Michel Lévy, à Paris. La collection impériale ne possède qu'une copie par Lancret ou Pater, tout au plus une réplique. » Indignation de toute l'Allemagne mobilisée, dénégations de MM. Pierre Marcel, Jean Guiffrey et Paul Leprieur. On se reporta à la gravure d'Edeline, à la copie par Pater de la collection Stern ; on vérifia des dimensions, compulsa les publications de Gersaint, la correspondance de Julienne et celle de Frédéric II. En dernière analyse, la conclusion qui rallia la majorité des suffrages, c'est l'opinion modérée exprimée après une longue communication à la Société de l'Histoire de l'art français par M. Alfassa : « Il y a tout lieu de croire que l'*Enseigne* acquise jadis par Frédéric II est l'*Enseigne* même de Gersaint. »

Voilà qui est fort bien! Les choses restent donc en l'état. Mais que se fût-il produit d'énorme et d'irréparable, si le commun sentiment se portant vers l'avis opposé, cette recherche de la paternité de l'*Enseigne* eût abouti à un désaveu formel touchant le tableau impérial? Il serait arrivé que l'histoire et l'art, assez indifférents à l'issue de ce tournoi d'érudition, n'en auraient subi nulle atteinte, et Watteau n'en serait ni plus ni moins resté l'un des peintres les plus admirés et les plus mal connus des Français. Populaire, certes, personne ne l'est à un degré supérieur : il synthétise aux yeux du grand public toutes les élégances du règne de Louis XV; son nom s'associe dans ce rôle à celui de Mme de Pompadour et sert immédiatement à fixer les idées lorsqu'une couturière, une modiste ou un tapissier cherchent à lancer une « création » dans le style du xviiie siècle;

cinquante années durant, les peintres à la mode furent ses élèves, et, pour ainsi dire, ses diminutifs.

Transportez-vous, pour confirmer ce jugement, au musée du Louvre, salle du XVIIIᵉ siècle, et arrêtez-vous devant l'*Embarquement pour Cythère*. Précisément, un fonctionnaire, ami des comparaisons, a fait accrocher à ses côtés un Carle Vanloo et deux Boucher : voilà rassemblé près d'un siècle d'histoire de la peinture. Croyez-vous que la filiation chronologique corres

ponde à l'hérédité du talent? Il n'est que de regarder et de voir : Boucher saisit immédiatement par l'inexistence du sujet et du milieu physique où se meuvent ses personnages sans raison d'être, mal établis, enveloppés de plis prétenticux et inutiles, par l'empâtement lourd, aigre et terne de sa couleur : on n'y voit même pas l'intention galante qui pourrait expliquer le rapprochement avec Watteau. Vanloo est aussi faible, mais de laideur moins agressive! Le contraste des trois tableaux est désastreux

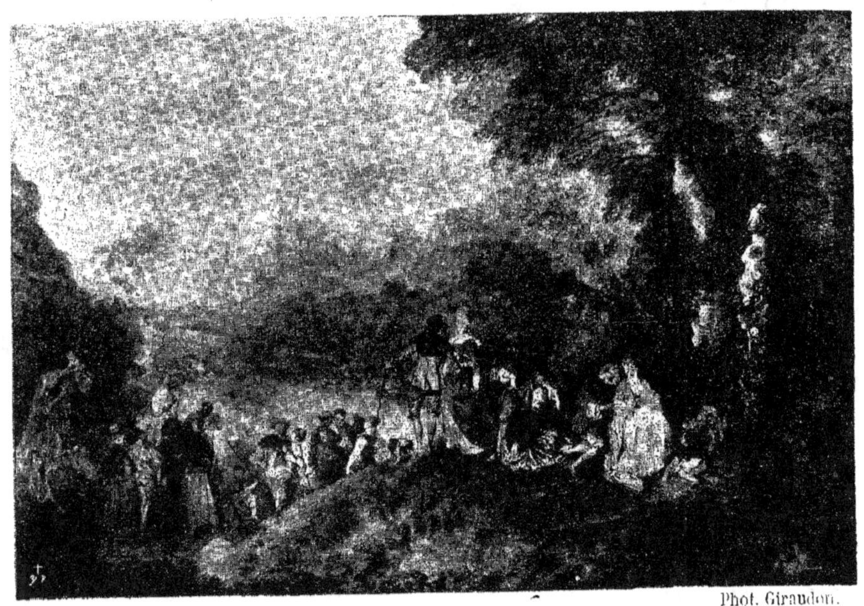

Phot. Giraudon.

WATTEAU : L'Embarquement pour Cythère. (Musée du Louvre.)

pour Boucher (1). Redoutant quelque malentendu, vous vous approchez pour vérifier

le nom de Watteau, la date de sa naissance et celle de sa mort. Né en 1684, il mourut en 1721 : cette gloire du XVIIIᵉ siècle n'a donc pas connu Louis XV; il est mort sous la Régence, et sa période d'activité la plus féconde se place sous Louis XIV : il est le contemporain de Fénelon, de Saint-Simon, de Massillon, de Rigaud, de Largillière et de Jouvenet; il connut Fontenelle et vit débuter Voltaire. Interprète d'une époque, certes, mais non pas de celle qu'on croit d'habitude, il est un cas historique déterminé. Il est, de plus, un caractère artistique assez

____

(1) Il est bien entendu que je n'entends pas porter ici un jugement d'ensemble sur Boucher. On trouvera sans sortir de cette salle, surtout à la salle Lacaze ou au palais des Archives nationales, maint tableau ou dessus de porte très digne d'estime, encore qu'aucun d'eux ne mérite l'engouement dont leur auteur fut l'objet en son temps. N'allons pas non plus faire porter à Boucher la responsabilité de la bassesse artistique de ses élèves, bassesse qui légitima la révolution davidienne: « N'est pas Boucher qui veut..... », disait David.

complexe. Ce représentant illustre de notre art national est, par les origines de sa technique, presque un naturalisé ; mais, dans le même temps, il a exprimé avec tant de bonheur un « moment » de la pensée française que son œuvre occupe un point éminent dans l'évolution de celle-ci. Mal compris de ses élèves, il exerça sur son siècle une influence sans rapports avec son génie ; confondu avec les « petits maîtres », il subit plus que tout autre l'effet de l'ostracisme davidien et classique. Après cinquante années de réhabilitation progressive, il a été de nos jours remis en sa vraie place par les historiens, et, qui plus est, acclamé par quelques critiques d'avant-garde en mal de tradition, comme l'heureux précurseur

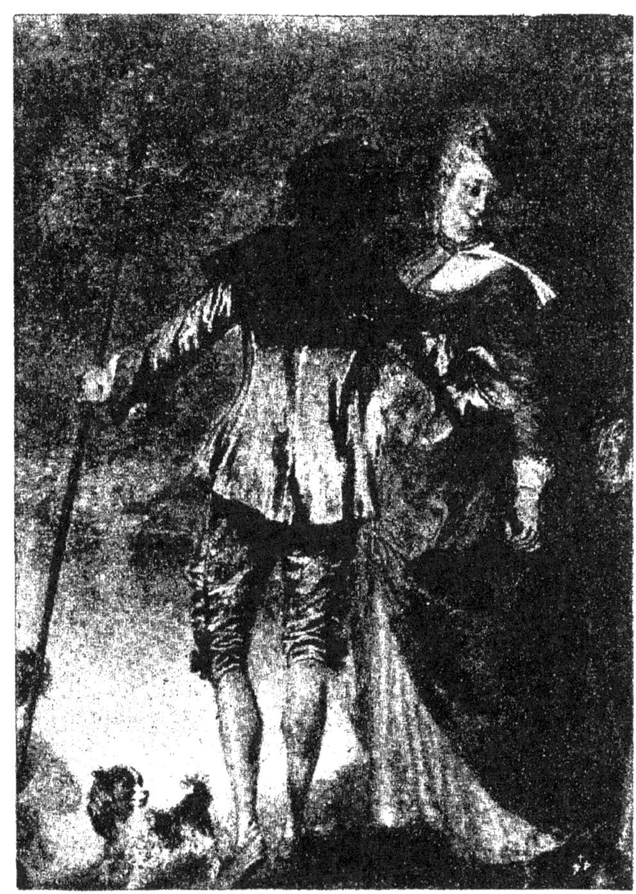

Détail de *L'Embarquement pour Cythère*.

des hardiesses de nos coloristes modernes !

Si le peintre est par excellence l'artiste qui emploie comme moyen d'expression la couleur, on peut dire que Watteau possède à un degré incomparable la maîtrise de cet art. Non point qu'il faille, dans cette sommaire définition, donner aux mots un sens restrictif, réduire le caractère de la ligne, la tenir, comme certains, pour une convention d'école : voyez ses esquisses et ses sanguines, ce dessin ferme, précis et net comme une phrase de Voltaire. Mais c'est que la couleur par ses qualités intrinsèques de force, de fraîcheur, de légèreté, par sa faculté de hausser ou de baisser d'intensité

tout en restant semblable à soi-même, est bien le signe figuratif le plus souple des sentiments et des passions. C'est que, par ailleurs, son aptitude à subir l'action de la lumière fournit proprement la raison d'être de la composition picturale : le rayonnement concentrique des motifs colorés groupés suivant la naturelle affinité des tons et fondus dans la même nappe lumineuse, comme un développement littéraire relié tout entier à l'idée générale, une symphonie musicale à un leitmotiv.

Le principal personnage d'un tableau, a-t-on dit, c'est la lumière, et celle-ci nous ne la percevons que grâce aux couleurs qui l'absorbent (1). Or, cette doctrine clairement proclamée par l'œuvre de Watteau, il ne la recueillit pas à Paris, on le devine aisément. Est-il nécessaire, pour en découvrir l'origine, de savoir qu'il naquit à Valenciennes et fit de longues séances dans la galerie de Marie de Médicis au Luxembourg. Notre peintre, à ne considérer que sa formation technique, est le pur résultat de l'éducation flamande. Il concentre en soi Téniers, Rubens, Van Dyck et porte à leur plus haut degré d'expression non seulement les qualités héréditaires de leur race, mais aussi l'acquis vénitien qui a complété leur

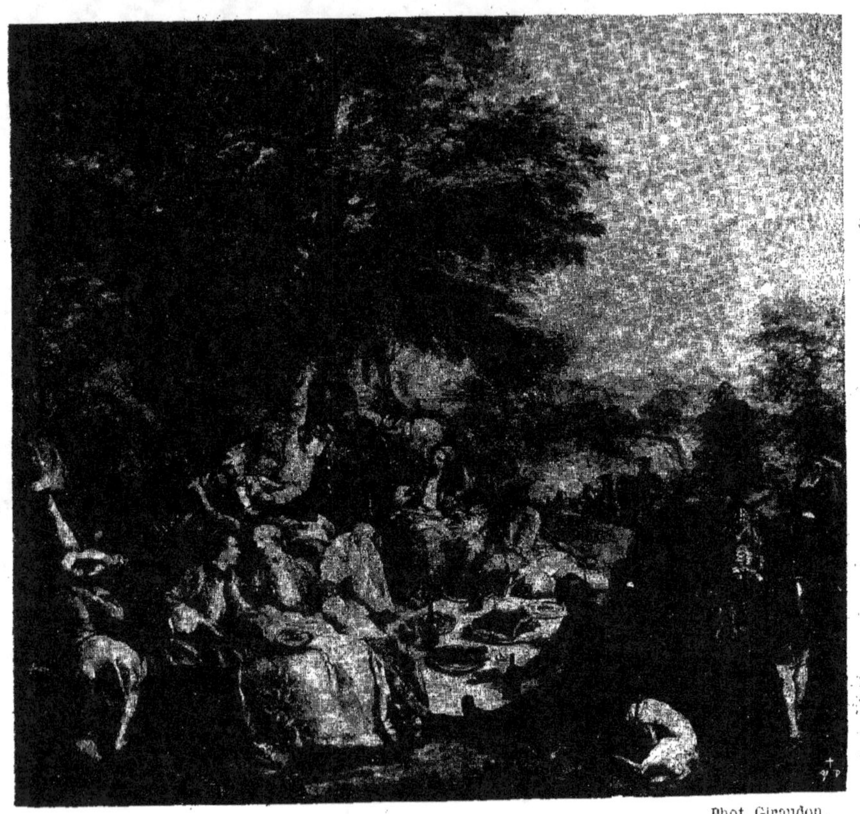

Phot. Giraudon.

Van Loo : *Halte de chasse.* (Musée du Louvre.)

talent. Est-ce en contemplant la pompeuse et froide ordonnance des foules de Lebrun, les graves et harmonieuses théories de Poussin, qu'il a développé ce sens du groupement, tantôt ramassé comme dans le *Menuet,* tantôt éparpillé en petits groupes enchaînés à la fois par le sujet et par l'unité picturale comme dans l'*Embarquement pour Cythère,* toujours vivants, spontanés, naturels, s'échelonnant dans la pénombre des arrière-plans comme la suite des *Mages* de Rubens. Reconnaissez-vous dans le péripatétisme de ces compagnies galantes, femmes à traînes de soie, cavaliers cambrés, comme

(1) Il y a quelques années, la maison Bernheim exposait un certain nombre d'études exécutées par les plus notoires de nos peintres modernes, d'après les maîtres anciens. On y pouvait remarquer un travail de Jules Flandrin, d'après le *Couronnement de Marie de Médicis*, très propre à illustrer cette théorie. Flandrin, s'étant borné à relever les divers objets de la scène, sans chercher leur forme, mais en déterminant scrupuleusement le ton local et les valeurs réciproques, avait rétabli, comme eût dit un maître de rhétorique, le « plan » du tableau de Rubens.

un lointain souvenir de Breughel, la dernière forme d'une kermesse appropriée aux mœurs de Versailles? Un détail : cet envol d'amours! au delà du nom de Rubens, n'éveille-t-il pas celui de Véronèse ou de Titien, peut-être même de Murillo, cousin des Flamands par les Vénitiens?

Et ce n'est pas seulement dans leur rapport réciproque, comme élément de composition, qu'il étudie les couleurs : Watteau connaît l'éclat, la profondeur, la légèreté de chacune d'elles. Il en connaît, pour ainsi dire, la psychologie, et sait ce qu'il peut demander de mélancolie, de joie, de vivacité, de force aux blancs, aux roses, aux bruns, aux bleus..... aux bleus, désespoir de Lesueur, de Lebrun, de Rigaud. Il n'y a pas d'œil de peintre plus subtil; il n'y a jamais eu en France de main plus experte que la sienne alliant la liberté et la précision, la vivacité et la mesure avec cette admirable décision qui, d'un coup, définit nettement les objets par le ton et par la forme fondus dans l'ambiance lumineuse.

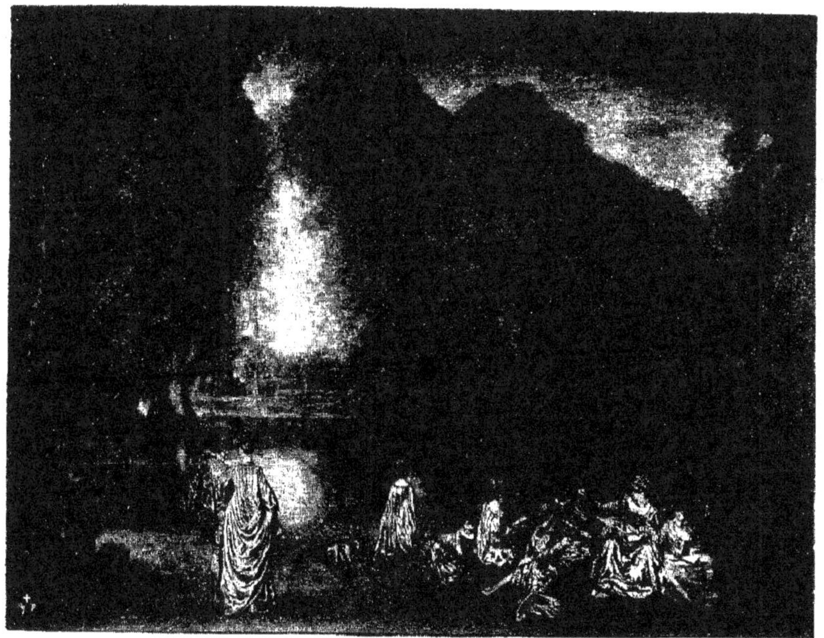

Phot. Giraudon.

WATTEAU : Assemblée dans un parc. (Musée du Louvre.)

Où est l'enfantine division du travail de ces artistes qui, ayant employé tout leur génie à dessiner le tableau, « passent en couleur » sommairement, se disant que ce qui est bien dessiné est toujours assez bien peint? Voyez la robe de Finette et toutes les draperies de Watteau; ces larges nappes de soie bleu changeant vivement relevé d'un éclair, et ces culottes roses où l'ample développement du ton d'ensemble paraît comme zébré par des éclats d'épée. Grâce à la maladresse d'un restaurateur, on peut surprendre dans la Pastorale l'auteur en flagrant délit de procédé. Le glacis disparu, on découvre, superposés, les trois moments de la composition : le travail préparatoire; les dessous, rapidement menés ; puis les reflets profonds, ton sur ton ou en ton complémentaire; enfin, faisant vibrer l'ensemble, l'éclair étincelant des cassures de l'étoffe. Où avons-nous rencontré cette facture synthétique, schématique presque, cette stylisation du drapé de la soie? Dans les cortèges de Rubens; dans les manteaux de cour des

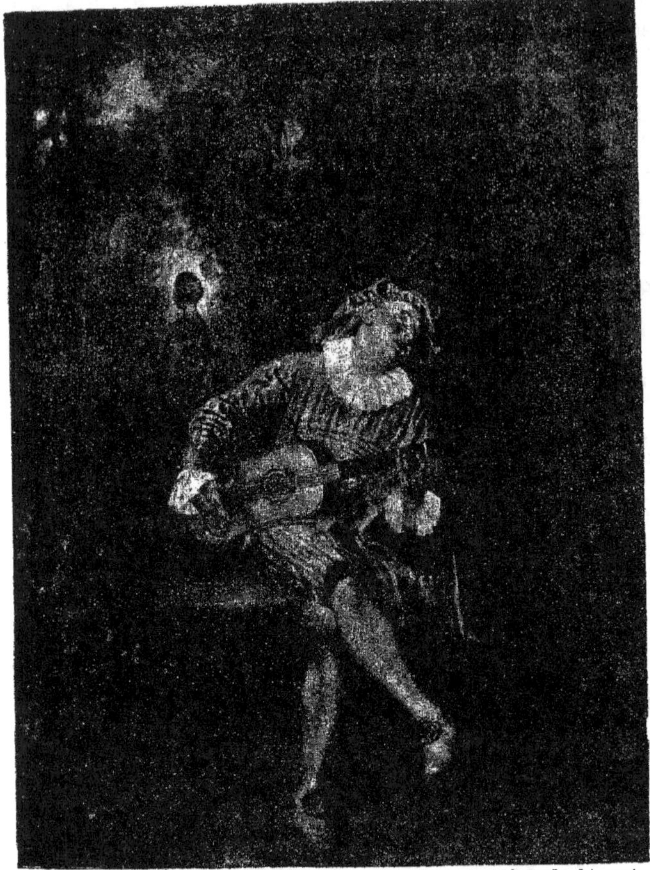

Phot. Hanfstaengl.

WATTEAU : *Mezzetin*. (Ermitage impérial de Saint-Pétersbourg.)

la fidélité d'une particularité physique dans une famille. Maintes fois, Rubens en prit occasion pour quelque morceau de virtuosité triomphante. Après lui, chaque artiste de l'école étala, comme un compagnon son chef-d'œuvre, la robe de soie blanche au premier plan des scènes d'intérieur : c'est Metsu, Terburg, Netscher dans les innombrables leçons de musique. Van Dyck, avec le pourpoint de Charles Ier, exporta, en même temps que le prestige de son coloris, la tradition néerlandaise ; et voilà la robe blanche naturalisée anglaise. A la fin du xviiie siècle, Roslin la ramène sur le continent et les lithographes l'imposent de nouveau à la mode. Chez nous, elle n'était point tombée en oubli : Watteau l'avait transmise à Fragonard ; Boilly, Flamand de France, la retrouvait naturellement à l'origine. Debucourt la popularisa. On pourrait, sans excès de paradoxe, prolonger au cours du xixe siècle la série de ces vérifications (1).

Donc, par le rôle dominant qu'il donne à la couleur, élément créateur de la composition, traducteur essentiel de la vie des sentiments ; par l'extrême sensibilité de son œil, l'incomparable habileté de sa main ; par la persistance de quelques traditions

filles de Thomyris et des suivantes de Marie de Médicis ; et, peut-être, est-ce en partie le secret de l'invraisemblable rapidité d'exécution du peintre d'Anvers. Et ces bruns, solides comme des bruns d'Espagne, mais plus francs et plus lumineux, bruns des capes et des corsages de l'*Embarquement pour Cythère* ? C'est le brun de Téniers. Ces blancs, enfin, par lesquels triomphe Watteau dans les soies de l'*Enseigne de Gersaint,* du *Menuet,* dans la casaque de *Gilles,* dans vingt autres, ces blancs d'une peinture presque fluide, librement étendue, hachée menu de l'ombre argentée des plis ? Ce blanc est, à lui seul, un infaillible certificat d'origine ; il est établi dans la lignée flamande avec

---

(1) L'extrême habileté dans le rendu des étoffes soyeuses ne coïncide-t-elle pas chez Stevens, chez Sargent, chez M. J.-E. Blanche, pour ne citer que trois noms pris au hasard, avec l'hérédité ou l'éducation flamande ou anglaise ?

formelles, Watteau s'apparente étroitement à l'école flamande : de Rubens à lui l'hérédité est manifeste, et Van Dyck, entre eux deux, marque l'étape intermédiaire du talent. Fromentin a établi la filiation des deux peintres anversois et, du reste, l'examen des premières œuvres de Van Dyck est plus probant que n'importe quelle argumentation; une comparaison analogue mettrait en évidence le lien de la race entre Van Dyck et Watteau. L'allongement du torse masculin, l'amincissement et la cambrure des jambes fuselées jusqu'à la limite de la vraisemblance apparaissent bien, chez le second, comme l'affirmation et l'exagération de l'affinement caractéristique du premier. Pourtant, il arrive, dans la suite de ces trois générations, que le dernier rappelle plus fidèlement les traits de l'aïeul que ceux du père. Certains visages de femmes, certaines nuques, attaches du cou et des bras, d'une vigueur inattendue, parfois, une sorte de poussée de coloris vénitien évoquent le souvenir de Rubens; certains procédés techniques aussi : telle l'habitude pour déterminer *ne varietur* la forme d'un profil, d'en souligner les traits de carmin pur. Enfin, dans l'*Enseigne de Gersaint*, ne retrouve-t-on pas exactement transporté l'un des deux chiens du *Couronnement de Marie de Médicis*?

Mais n'exagérons rien. S'il est vrai que Watteau n'a point créé pour lui-même toutes les ressources de son art, il a du moins su combiner dans une proportion très personnelle les divers éléments acquis ou hérités. Ce qui est très français en lui, c'est la mesure, l'équilibre de ces appropriations flamandes et vénitiennes, l'atténua-

tion et l'union, dans un ensemble léger, spirituel, des mérites éclatants des deux pays : c'est le type physique de ses personnages, surtout « ces visages alertes dont les traits, même au repos, sont en mouvement, dont la bouche et les yeux vont sourire », aussi éloignés de la lourdeur flamande que de la morbidesse italienne. Et voilà par quoi Watteau, sans tenir compte de son inspiration et par sa seule technique, est un peintre français.

Pourtant, et malgré ce dernier trait, si Watteau compose, peint et dessine comme Rubens, Van Dyck et Téniers, encore qu'il ne soit pas en tout semblable à ses ancêtres, on accordera volontiers qu'il est un grand peintre flamand, né en France par l'effet d'une fantaisie de la frontière du Nord, aventure dont il tira du reste grand bénéfice. Mais, tout compte fait, intéresse-t-il si

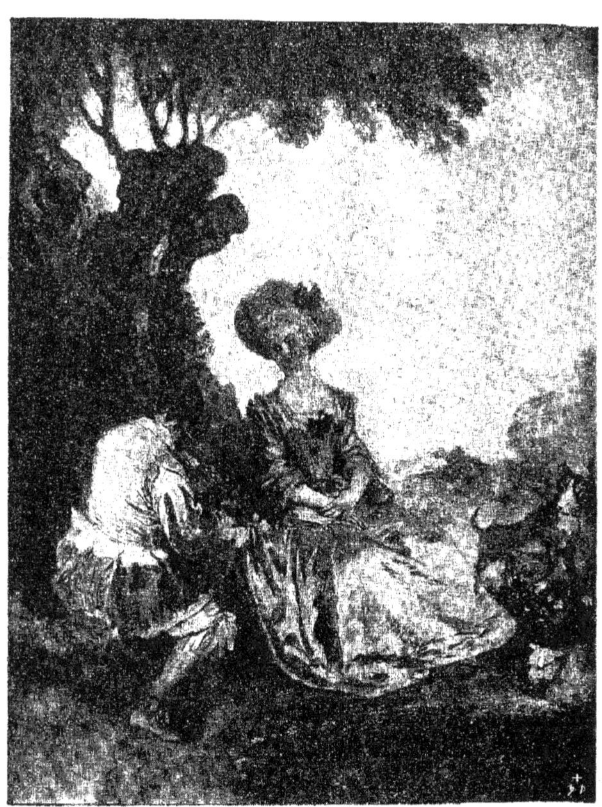

WATTEAU : *Pastorale*. (Musée du Louvre.)

vivement l'art et la pensée française au xviiiᵉ siècle? Juger Watteau sur sa seule habileté professionnelle, sur ses seuls dons physiques même les plus délicats de coloriste ou de dessinateur, c'est commettre une lourde erreur critique. De nos jours seulement, et depuis très peu d'années, on a pris l'habitude de voir dans les qualités

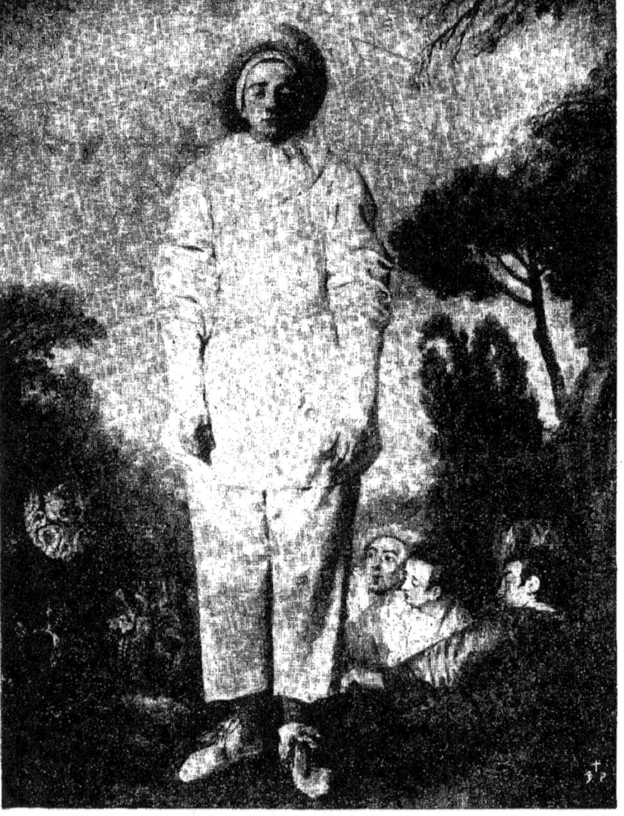

WATTEAU : *Gilles*. (Musée du Louvre.)

de tempérament d'un artiste le seul facteur caractéristique de sa personnalité. Au xviiᵉ et au xviiiᵉ siècle, on est persuadé, et Watteau plus que personne, que la peinture est *cosa mentale*, et la valeur intellectuelle la meilleure part du talent d'un peintre. L'éducation intellectuelle, voilà chez Watteau l'élément proprement et exclusivement

français, par lequel son œuvre apparaît comme un « moment » significatif dans l'évolution intellectuelle et artistique de l'esprit national.

On imagine facilement l'ample liberté d'esprit d'un Rubens brossant quelque toile colossale à larges coups définitifs : la mince psychologie de ses figures, même les personnages religieux, autorise cette conjecture. Watteau, lui, pense, vit ardemment tous ses tableaux : la plus sommaire de ses esquisses exhale comme un parfum sentimental. Or, cette pensée, ce sentiment sont exactement français, et de son temps. Pour s'en assurer, il n'est que de se transporter dans le domaine de la littérature vers la fin du règne de Louis XIV. Les historiens qui suivent le progrès des idées morales inspiratrices de l'art dramatique, en ayant relevé le cheminement depuis le *Cid* jusqu'à *Athalie*, constatent après Racine une brusque solution de continuité. Personne, au début du xviiiᵉ siècle, n'a recueilli l'héritage des grands classiques : Chimène, Pauline, Phèdre, demeurent à l'état d'expressions artistiques isolées, et la pauvreté d'un Voltaire rend plus manifeste encore cet épuisement de l'inspiration tragique. Telle est la conclusion littéraire. Faut-il donc admettre que la mentalité racinienne soit morte tout entière le 21 avril 1699? Mais les écrivains sont-ils seuls qualifiés pour en recevoir l'héritage, et puisque Bach et Monteverde sont les meilleurs poètes de la sensibi-

lité allemande et italienne au
xviie siècle, n'existe-t-il pas en
France quelque œuvre musi-
cale ou plastique, dans laquelle
puisse se reconnaître comme
en un miroir le xviiie siècle à
sa naissance? Or, en se plaçant
à ce point de vue, je crois bien
que le dépositaire de la tradition racinienne est.....le peintre
Antoine Watteau! Certes, d'un
caractère à l'autre on relèvera
plus d'une contradiction, et
c'est pourquoi nous disons
qu'entre eux il y a filiation et
non pas identité. Et d'abord il
y a la différence de deux générations et l'anémie dont furent
blessés les frères cadets de
Fénelon et de La Bruyère, héritiers des hommes de la période
de splendeur. Surtout, le peintre
ayant laissé entendre la dramatique question des conflits pas-
sionnels, laissa deviner une
solution que l'élève de Port-
Royal avait toujours refusé
d'admettre. De *Phèdre* aux fêtes
galantes, le contraste, mais
aussi le lien intellectuel, est
établi : paix aux historiens! la
continuité est assurée.

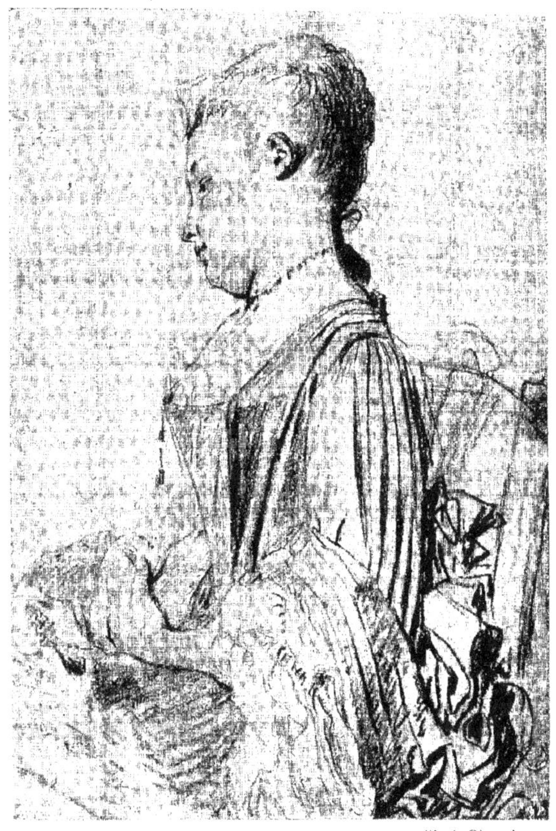

WATTEAU : *Jeune fille assise.* (Dessin. Musée du Louvre.)

Racine, fondateur au théâtre de l'empire de la femme, étudie les phases de la
passion, ses luttes contre la résistance
morale des sentiments antagonistes, amour
maternel, ambition, jusqu'au dénouement
fatal nécessité par la toute-puissance même
de cette passion. On peut dire que l'angoisse
atteint au summum lorsque, la violence de
l'amour étant tenue en balance par la volonté, le conflit passionnel se concentre pour
ainsi dire en un point mort immédiatement
suivi par le déchirement intérieur et la
catastrophe finale. L'immensité de celle-ci
étant proportionnée à la faute, et, par ailleurs, les personnages de Racine se prêtant
aisément à la transposition de la vie
habituelle, il restait dans l'esprit des spec-
t..teurs cette impression que la nature

humaine abandonnée à elle-même subit les
conséquences de sa corruption. Et Arnauld,
oubliant la complaisance avec laquelle son
élève dépeint habituellement l'état de péché,
pouvait proclamer Phèdre, la reine inces-
tueuse, « une chrétienne à qui la grâce a
manqué ». A tout prendre, et malgré quelques
zigzags dans la démonstration, on peut dire
que la conclusion des tragédies de Racine
est dramatiquement morale.

Prenez le type féminin de ces mêmes tragédies; atténuez la violence de la passion
jusqu'à la réduire à l'amour tout proche du
désir, transformez le désarroi psychologique
en une arrière-pensée presque avouée
d'abandon; que la résistance intérieure
s'abaisse au point de donner à la défail-
lance un charme accessoire de mélancolie.

Bref, rapetissez tous les éléments du drame, soulignez les circonstances immorales ; à la place du remords racinien, suggérez une sorte de parti pris quasi joyeux, habillez la scène d'une élégance de bonne compagnie..... Voilà l'*Embarquement pour Cythère*, symbole séduisant d'une société « semblant descendre une pente douce, qui, de la causerie spirituelle et galante, avec des lenteurs de menuet, mène à l'amour sans déranger les plis des robes de satin aux cassures lumineuses ; d'une telle vie, il ne reste que l'amour, et de l'amour que le rêve d'un poète soudain épris un soir de bal, dont l'enchantement se mêle à la mélancolie des réveils prochains »(1). On a gardé du siècle de Louis XIV une certaine discipline formelle et comme une survivance de grandeur ; mais cette prédominance du sentiment sur la raison qu'on signale chez Fénelon a évolué en une sensualité raffinée, l'angoisse religieuse d'un Pascal en un philosophisme optimiste ; les repentirs éclatants d'une Lavallière ou d'une Montespan demeurent inconnus à ces hommes et ces femmes vivant dans le péché habituel sans le contrepoids moral du remords. Watteau est un Racine diminué et déchristianisé.

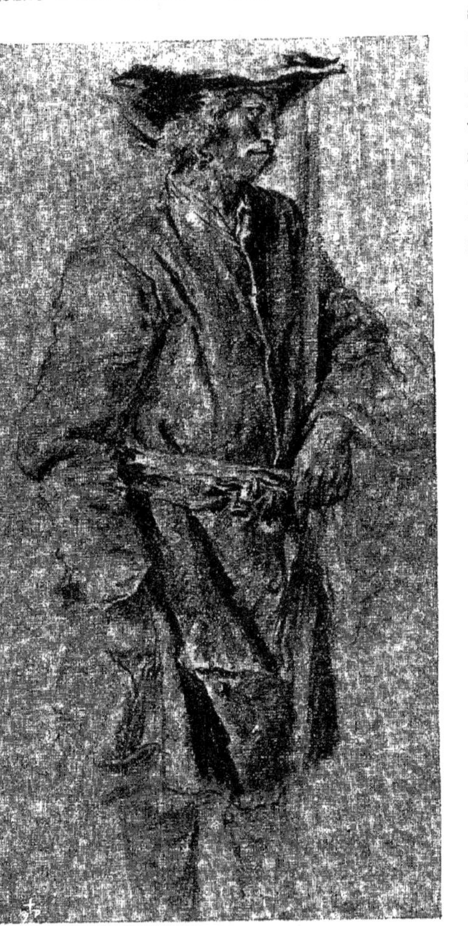

WATTEAU : *Garde française du temps.*
(Musée Condé à Chantilly.)

C'est l'artiste approprié à cette « libertine » société dont Bayle fut le maître de philosophie et qui donna l'initiation à Voltaire.

Peut-être serait-il bien osé d'attribuer au peintre des fêtes galantes un tel corps de doctrine — et l'on aurait scrupule à le faire envers un artiste historiquement isolé — si l'on ne rencontrait comme témoignage l'opinion unanime de ses contemporains et de son siècle. C'est bien comme peintre de la sensualité élégante que Watteau devint célèbre, et c'est, aujourd'hui encore, le plus clair motif de sa notoriété auprès du gros public. Son œuvre est à l'origine de la production longue de soixante années, et de plus en plus licencieuse, qui aboutit à la polissonnerie d'un Fragonard, aux basses grossièretés de ses imitateurs, et il y a pire dans l'arrière-boutique des marchands d'estampes. On l'a proclamé le premier des « petits-maîtres », et il n'est pas un traité superficiel qui, suivant un cliché consacré, n'associe à son nom ceux de Pater et de Lancret. Leur maître, certes, il l'est ; mais ils furent l'un et l'autre des élèves bien incomplets, car les qualités essentielles du talent de Watteau leur ont entièrement échappé : l'aspect particulier de sa sensibilité, les nouveautés de sa technique. Pour avoir disposé dans des paysages de théâtre

------

(1) GABRIEL SÉAILLES, *Watteau*, p. 95.

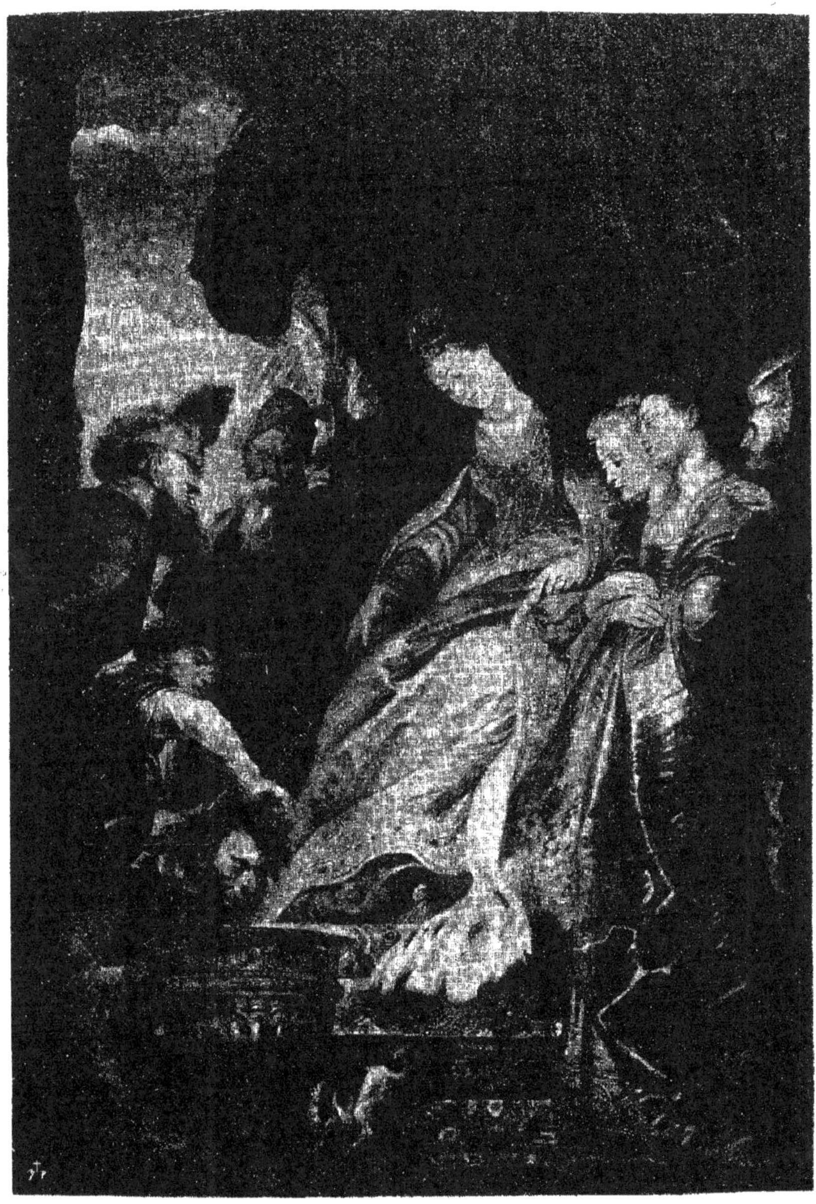

RUBENS : *Thomyris fait plonger la tête de Darius dans un vase de sang.* (Musée du Louvre.)

des personnages mimant les attitudes et les gestes de la galanterie, ils crurent l'avoir imité. Ils ne surent pas découvrir dans *l'Embarquement,* dans *l'Assemblée dans un parc,* le parfum de mélancolie, le je ne sais quoi de romantique avant l'heure qui donne à ces hommes et à ces femmes, suivant le mot de Verlaine, « l'air de ne pas croire à leur bonheur ». Parce que ces débauchés délicats semblent, à travers le plai-

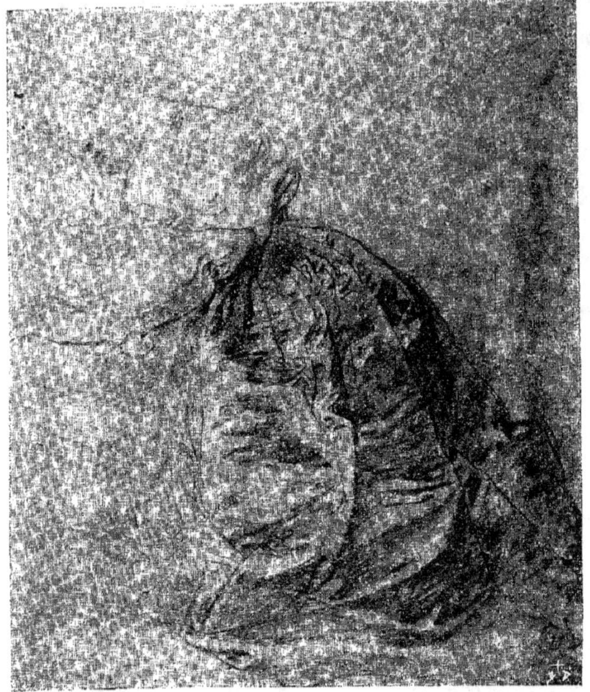

Phot. Giraudon.

RUBENS : *Etude de femme.* (Musée du Louvre.)

sir, avoir le pressentiment d'une souffrance prochaine, nous accordons à leur faute le bénéfice de quelque indulgence et nous nous rappelons que Watteau, dernier-né de la lignée de Rubens, est mort phtisique à trente-sept ans (1). Cette concomitance de la douleur et de la passion, bien que la morale y soit étrangère, le xviiᵉ siècle l'eût comprise ; le xviiiᵉ ne la vit point. Il ne sut pas davantage faire son profit du merveilleux enseignement pictural du maître : la nature considérée et exprimée comme cadre naturel des sentiments humains, de surprenantes découvertes dans l'emploi des couleurs..... tout cela demeura étranger aux contemporains et à la postérité immédiate.

S'il était possible de contempler une composition de Watteau comportant figures et paysage, en promenant le regard sur le ciel d'abord, puis sur les arrière-plans, sur le

miroir des eaux, la perspective des avenues et des charmilles, sur le groupe central enfin, et tout cela d'un long regard continu, on éprouverait sûrement l'impression d'un sentiment tendre et délicat, au début largement répandu dans la transparente atmosphère du crépuscule lumineux, puis progressivement précis et pénétrant, et atteignant enfin avec les attitudes et les visages son plus haut point d'intensité : la figure humaine concentre en soi et traduit le sentiment impersonnel dégagé par la nature. Le paysage, loin d'être l'accessoire inanimé peint sur les portants d'un théâtre, se fait le complice et le confident des acteurs ; il les détermine dans le sens de leur passion, il joue à côté d'eux le rôle du chœur antique ou de l'orchestre wagnérien : de l'un à l'autre, la concordance morale est absolue. Rendre sensible cette communion intime, ce panthéisme, le xviiiᵉ siècle put croire que c'était l'effet d'un sortilège artistique ; nous voyons aujourd'hui que le secret réside dans l'emploi, certes, très habile, mais somme toute normal, des moyens d'expression habituels à nos peintres modernes. L'ambiance blonde et dorée de l'*Embarquement*, les pénombres en clair-obscur des soirées automnales, l'enchaînement des formes du terrain, depuis les montagnes de l'horizon, étincelantes comme des gemmes voilées, jusqu'au sinus voluptueux de la rivière et aux massifs roux éteint du premier plan, ces futaies si exactement construites, et, par-dessus tout, ce sens précis de la distance, des valeurs, cette discipline de la lumière..... est-ce autre chose que ce que nous cherchons dans les paysages des Salons annuels ? Certes, mais c'est plus encore, sans quoi l'*Ile heureuse* de M. Besnard serait la réplique de

____

(1) CAMILLE MAUCLAIR, *de Watteau à Whistler.*

l'Embarquement. L'interprétation de la nature est, chez Watteau, la stylisation décorative de formes vraies, une intime combinaison de poésie et d'observation. Le décor idéal de son monde élyséen est fait de sensations directes et d'éléments réels. Les nobles frondaisons enveloppées d'une ardente auréole, pour qui les regarde de sang-froid, sont les grands chênes du Luxem-bourg baignés dans l'atmosphère envahie de lumière mourante. État d'âme des êtres et aspect de la vie des choses, l'un coordonné à l'autre, sont à la fois vrais et rêvés, tout cela est artificiel et n'est point faux. Surpassant ses contemporains par sa pénétration objective, Watteau l'emporte sur la plupart des peintres de tous les temps par sa puissance évocatrice.

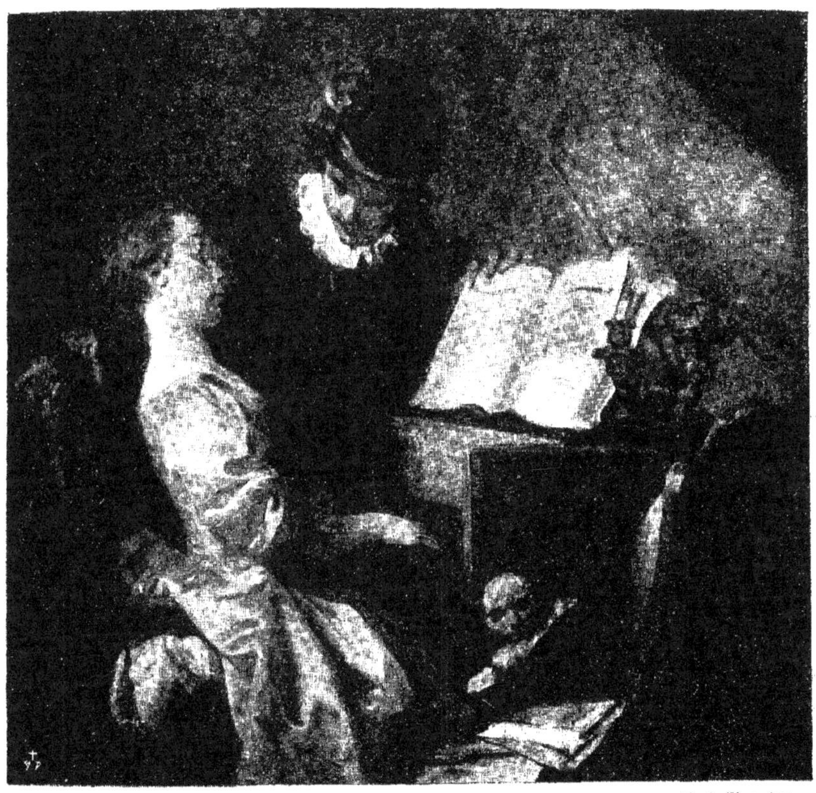

Phot. Giraudon.

FRAGONARD : *La Leçon de musique*. (Musée du Louvre.)

Au risque de se répéter, il faut revenir encore sur sa technique picturale, car il est sur ce point un surprenant devancier des hardiesses modernes. Rubens, découvrant dans le ton de la carnation un véritable arc-en-ciel de verts, d'outremer — voyez les anges de l'*Assomption de la Vierge*, à Bruxelles, — avait fait preuve d'une merveilleuse subtilité d'analyse. Watteau a prolongé encore la découverte et imaginé un style original approprié à sa conception. Retournons à la *Pastorale* et au *Faux pas*, qui sont pour ainsi dire les pièces d'étude de sa manière. Dans le *Faux pas*, voyez ce corsage violacé traité avec de longues touches nerveuses, juxtaposées, d'orangé, de bleu, de rose, dont quelques particules ont éclaboussé le fond du tableau ; dans la *Pastorale*, la jupe jaune ombrée de vert, et surtout la veste du flûtiste d'un ton de fraicheur indéfinissable ivoire et rose passé obtenu avec le tranchant du couteau à palette hachant la toile de touches serrées; nos yeux reconnaissent du premier coup ce procédé; c'est la dissociation des tonalités, c'est proprement l'impressionnisme ·cent cinquante ans avant Monet. N'y a-t-il ici qu'un caprice du peintre, une tentative abandonnée par la suite? Était-il, au contraire, parvenu à une invention féconde dont sa mort empêcha la diffusion? L'aventure survenue à la *Pastorale* nous permet au moins une hypothèse. La toile, livrée à un restaurateur inexpérimenté, a subi un grattage qui a fait disparaître les glacis. Nous sommes donc en présence du travail de préparation, d'une construction sans revêtement. Il est permis de croire que la dissociation des tonalités était, aux yeux de Watteau, une phase dans le développement de sa méthode, phase suivie par la superposition du glacis synthétique à l'ensemble de la composition. Peut-être louerait-il les œuvres de nos modernes impressionnistes, tout en déplorant leur mépris des glacis.

*
* *

Watteau, en son temps, obtint la faveur de la petite critique et provoqua la méfiance de la grande. Que de lacunes parmi les éloges! la sincérité en est le principal attribut. Dubois de Saint-Gelais loue l'artiste pour la correction de son dessin; son coloris est tendre, ses expressions sont piquantes; ses airs de tête ont une grâce merveilleuse; ses figures dansantes sont admirables pour la légèreté, pour la justesse des mouvements et pour la beauté des attitudes. Dezallier Dargenville, autre obscur, se risque moins : son éloge de Watteau porte surtout sur la touche moelleuse et légère, les figures sveltes et élégantes, les attitudes naturelles, les draperies larges et bien jetées. Mais voici la note officielle; elle est donnée par le comte de Caylus, membre de l'Institut, grand ami du peintre et grand collectionneur d'antiquités. Parlant devant les élèves de l'Académie et pour eux, il déclare : « Je blâmerai comme je louerai, sans avoir à me reprocher de blesser le tendre souvenir que

je conserve à Watteau, l'amitié que j'ai eue pour lui et la reconnaissance que je lui garderai toute ma vie de m'avoir découvert autant qu'il lui a été possible les finesses de son art. Mais je me souviendrai toujours que, dans le cas où je me trouve, on doit plus aimer l'art que l'artiste. » Cette précaution oratoire donne tout à redouter : et de fait, immédiatement, il blâme l'artiste « de son insuffisance dans la pratique du dessin qui l'a mis hors de partie de peindre rien d'héroïque ni d'allégorique, encore moins de rendre les figures d'une certaine grandeur. Il est incapable de toute composition héroïque, de ce feu sublime qui parle à l'esprit, le saisit, l'entraîne et le remplit d'admiration. Son style, sa façon de voir et d'exprimer est facile, de petit goût, infiniment maniéré ».

Bref, et Voltaire dit la chose en deux lignes : « Il a réussi dans les petites figures, mais il n'a jamais rien fait de grand, il en était incapable. Il a été dans le gracieux à peu près ce que Téniers a été dans le grotesque. » Tel est aussi l'avis du président de Brosses.

L'œuvre de Watteau ne s'encadrait pas dans la tradition didactique fondée au siècle précédent. *Gilles*, l'*Embarquement* et l'*Enseigne* ne trouvaient pas place dans la hiérarchie officielle des genres et des sujets. Le XVIIIe siècle n'apprécia du peintre de Valenciennes que le caractère galant et les sous-entendus voluptueux; il l'offensa, en toute innocence, du titre de « petit-maître ». On crut l'honorer en le plaçant au premier rang dans le groupe de Debar, des inséparables Pater et Lancret, etc. Cherchez donc dans Lancret la connaissance du plein air, dans Vernet celle de la lumière, dans Debar la notion des valeurs; cherchez dans tout le XVIIIe siècle cette lumineuse et savante composition, ce style éclatant qui synthétise si parfaitement l'acquis des Flandres et la culture française, tout ce par quoi son génie est la plus heureuse des résultantes. Combien, croyant le copier, s'accusèrent de plagiat! Boucher qui grava toute son œuvre décorative!..... Fragonard recueillit quelques molécules de son talent : à défaut de la mentalité du maître, il eut la subtilité de l'œil et le brio du tour de main. L'espagnol Goya, appropriant les fêtes galantes à un milieu quasi barbare, habilla ses modèles demi-sauvages des soies lumineuses de Watteau; il n'en fut pas le plus mauvais élève. Confondu dans les berquinades, les bergeries, les obscénités et les scènes de sensiblerie, l'*Embarquement pour Cythère* suivit le sort commun de toute la peinture à la mode au XVIII siècle. On sait le violent courant intellectuel qui déplaça les points de vue, transforma l'état d'esprit et les modes d'expression artistique : la révolution davidienne, dans une sorte de nuit du 4 août, exécuta pêle-mêle Boucher, Chardin, Greuze, Fragonard, Hubert Robert..... et Watteau. Avoir ainsi méconnu tout ce que contenait de prophétique la technique du maître de la Régence fut une erreur plus lourde de conséquences que de s'être mépris sur le caractère moral de son œuvre. Ce fut l'occasion manquée d'inaugurer dans l'art de peindre une évolution singulièrement féconde : l'étude du plein air, la physionomie du paysage d'après l'atmosphère et la lumière, l'analyse de la couleur et la recherche des moyens propres à lui conserver sa pureté et son éclat, toutes ces questions ne furent plus posées. Cette occasion perdue, on la retrouva cent ans plus tard..... et on la perdit de nouveau avec Delacroix. Aussi incompris que Watteau, quoique fanatiquement admiré, cet autre grand précurseur lui aussi mourut *intestat*. Les paradoxaux, les hypertrophiés s'emparèrent de ses dépouilles et, se croyant novateurs, livrèrent l'art à la révolution.

Au vrai, si le XVIII siècle fut aveugle, le XIX resta longtemps ignorant. Le roman-

tisme triomphait et Watteau subissait encore la condamnation prononcée par David. Delacroix l'a-t-il connu? on ne saurait le dire : leurs communes affinités avec la peinture vénitienne les rapprochent souvent sans les apparenter directement. Pour les littérateurs, son nom couvre tout l'ensemble de la production galante du XVIII siècle. Le cousin Pons offre à la présidente Camusot de Marville un éventail commandé par Louis XV à Watteau pour Mme de Pompadour : sur l'un des côtés est peinte une ronde dansée par de fausses paysannes et des bergers grands seigneurs; sur l'autre, un bal dans un salon!..... Et Balzac était l'un des plus avertis antiquaires de son temps! Pourtant, chez Diaz, quelques sous-bois,

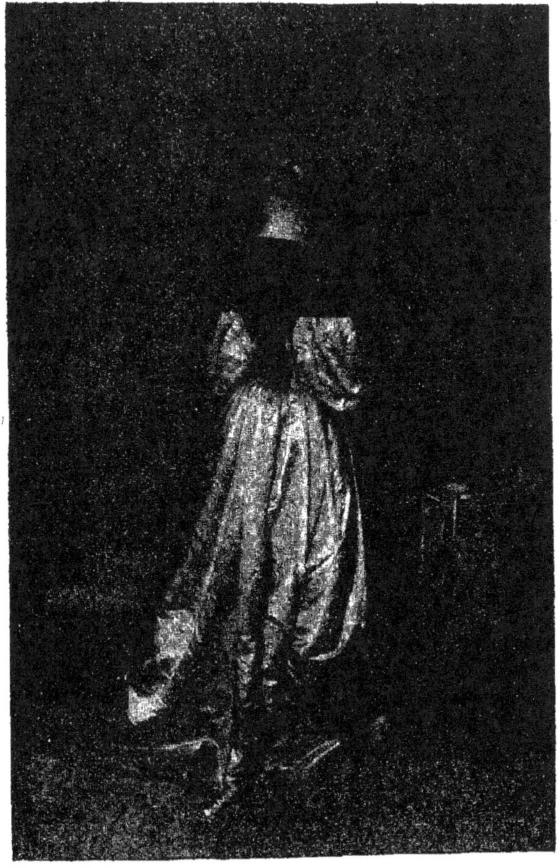

Ter Burch : *Femme dans son appartement.* (Galerie royale de Dresde.)

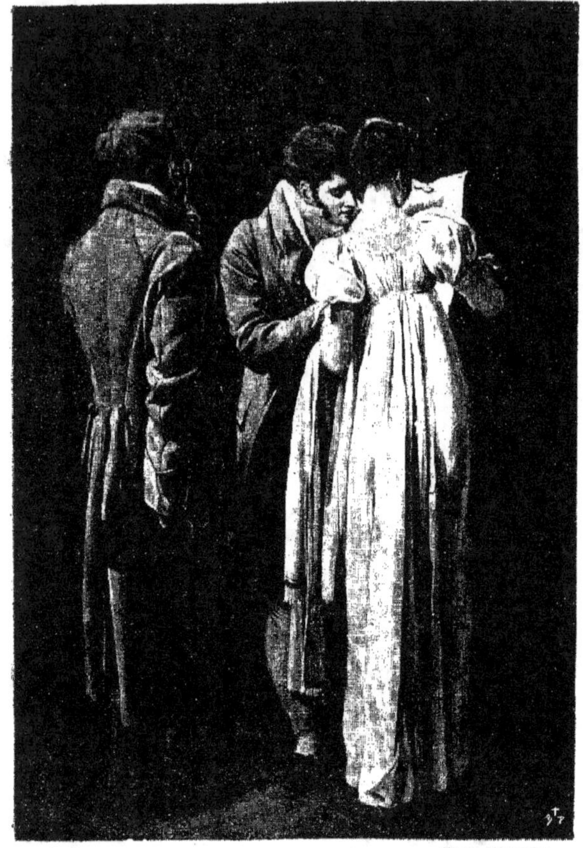

Phot. Giraudon.

Boilly : *Les Amateurs d'estampes.* (Musée du Louvre.)

au xviiie siècle et dressèrent le catalogue raisonné de son œuvre. Pour achever, les Allemands Bode, Dohme, Hanover accablèrent sa mémoire de leur érudition, et, ultime consécration, les docteurs de l'impressionnisme le proclamèrent prophète de leur Église..... La réhabilitation était un fait accompli.

Donc, Antoine Watteau, fils de Flamands et grand peintre français, dernier-né des générations « louis quatorziennes » et reliant par son œuvre le grand siècle finissant au siècle qui commence, demeura en partie incompris et fut maladroitement imité par les générations qui le suivirent. Il a été, de nos jours, rétabli à son rang et à sa place chronologique; mais pourquoi faut-il que certaines restrictions se fassent entendre dans l'unanime expression d'admiration qu'attire le talent de cet incomparable artiste?

C'est que, explique le moraliste, sa gloire est d'origine équivoque, car son œuvre, en même temps qu'un grand exemple de beauté, a été un actif agent d'immoralité. Personne, depuis qu'il y a des hommes et qui peignent, n'a rendu la volupté sous des traits plus séduisants, aucun tentateur n'a été plus dangereux, et ses victimes sont précisément les esprits les plus cultivés et les sensibilités les plus fines, les privilégiés intellectuels étant seuls à même d'entendre son langage.

Devant la difficulté de dissocier dans ce génie l'inspiration intellectuelle et l'expression artistique, faut-il craindre du moraliste une excommunication majeure? Pour la défense du peintre, laissons la parole à ses amis Caylus et Gersaint. Sa peinture n'était que le jeu de sa fantaisie; il ne se piquait pas de philosophie et entendait chaque

quelques taches lumineuses, dont la vivacité et la chaleur dépassent en intention la couleur de Delacroix, apparaissent comme des symptômes de résurrection prochaine. Ils se confirment avec Monticelli : ce bohême déconcertant, de génie très intermittent, étudia de fort près Watteau. S'il fut incapable d'assimiler sa formation intellectuelle, sa science des ensembles, il apprit de lui le prestige merveilleux de l'éclat des couleurs. Les deux tableaux de Lille en font foi. A la même époque, le baron Lacaze créait sa collection et acquérait, chez un brocanteur, *Gilles,* pour quelques louis. Enfin, l'auteur trouvait chez les Goncourt les ouvriers de sa vraie gloire; ils le célébrèrent dûment dans leurs études sur l'art dimanche la messe à Saint-Germain l'Auxerrois. Pour le curé de Nogent qui l'assista à sa mort, il peignit un *Christ en croix;* l'abbé Haranger fut l'un de ses exécuteurs testamentaires; il mourut chrétiennement.

Il était, dit Caylus, naturellement sobre et incapable d'aucun excès. La pureté de ses mœurs lui permettait à peine de jouir du libertinage de son esprit et on s'en apercevait rarement dans ses discours..... Il n'a jamais fait aucun ouvrage obscène; il poussa même la délicatesse jusqu'à désirer, quelques jours avant sa mort, de revoir quelques morceaux qu'il ne croyait pas assez éloignés de ce genre, pour avoir la satisfaction de les brûler, ce qu'il fit (1).

Il reste une solution.…. L'acquitter comme irresponsable.

____

(1) M. Edmond Pilon, dans la nouvelle intitulée « le Dernier Jour de Watteau », a fort heureusement restitué la psychologie du malheureux artiste dans la dernière phase de sa lutte contre la phtisie. Signalons toutefois à l'auteur que le D' Mead ne fut l'ami de Voltaire qu'en 1726 au plus tôt et que la chanson « Dans les Gardes françaises », paroles de l'abbé Mangenot, fut publiée en 1776.

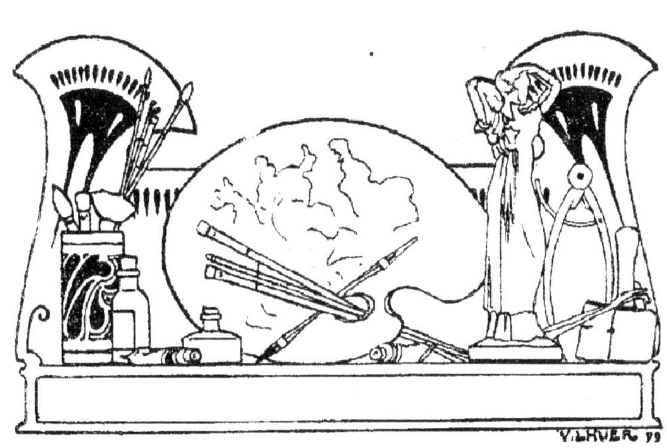

IV. L'HÉRITAGE DE DELACROIX

Les critiques du xxᵉ siècle ont accoutumé d'exalter sur le mode lyrique la gloire de Delacroix. Le ton fut donné sur la tombe même du maître par Huet. « Penseur profond, peintre admirable qui prend sa place près de Véronèse et de Rembrandt, à côté de Gœthe et de Byron, Delacroix est du petit nombre des artistes qui caractérisent une époque et s'en emparent. » En 1867, Taine écrivait : « Il faisait ressortir la pitié, le désespoir, la tendresse et toujours quelque émotion déchirante ou délicieuse..... de ses nuages vineux, brouillés de fumée charbonneuse..... de ses chairs frémissantes..... de ses corps tordus..... de toutes ses créatures inanimées ou vivantes, avec un élan si spontané et si irrésistible, avec une conspiration si forte de la nature environnante que ses fautes s'oublient et que, par delà les anciens peintres, on sent en lui le révélateur d'un nouveau monde et l'interprète de notre temps. Allez voir sa *Médée*, son *Dante*, son *Tasse*..... et le reste, et grondez en le comparant aux vieux maîtres ; mais songez qu'il a dit une chose neuve, et la seule dont nous ayons besoin ! » Au jugement de M. Fontainas, critique belge, Delacroix « sut voir par masses au caprice des ombres et des lumières. Il surprit l'espace traversé par le mouvement, il en saisit les rythmes prolongés ; son œil devina que rien ne s'interrompt, ne se découpe à notre gré, que tout se poursuit, passe, se répercute, se propage. » Et l'écrivain conclut : « Le peintre, tour à tour tragique, voluptueux, mélancolique, épris de la pensée profonde des poètes ou des gloires sensuelles de la couleur..... se révèle divers et puissant, un des maîtres universels de la peinture, comme l'ont été dans les âges précédents Pierre-Paul Rubens et Raphaël d'Urbin ! » Tout aussi élogieux, et d'une concision plus grammaticale, M. Henri Marcel : « Ce que Hugo va réaliser pour la poésie et Berlioz pour la musique, un homme, les devançant l'un l'autre, l'a fait en peinture, et c'est Eugène Delacroix ! » Enfin, M. Maurice Tourneux, avec l'éloquence propre à une réhabilitation effaçant une erreur judiciaire, proclame : « Qu'importent les réactions passagères et les palinodies des descendants aveulis d'une génération héroïque ! Sans doute, aucune œuvre humaine ne résiste tout entière à l'effort du temps ; mais les fils du xixᵉ siècle français ont le devoir de proclamer d'ores et déjà que son cycle n'aura pas été inutile, puisque, à côté de noms immortels invoqués par les autres nations dans les lettres et dans les arts, ils peuvent hardiment inscrire ceux de Victor Hugo, de Balzac et d'Eugène Delacroix ! » (1)

Au langage des critiques, on peut juger des apologistes. Cependant ces hyperboles expriment assez exactement le sentiment commun sur le talent du grand romantique : l'admiration est unanime chez les gens de lettres. Chez les peintres, l'enthousiasme est moins prolixe ; il semble que le respect tienne ceux-ci à distance. Comme les élèves d'Ingres devant les œuvres de Rubens, ils saluent et ne s'arrêtent pas. A la salle des États ou à la collection Thomy-Thiéry, devant ses toiles, les conférenciers sont légion, les peintres s'abstiennent. Quand, par aventure, un artiste exécute une copie du *Dante* ou des *Croisés*, il y a tout à parier que c'est un travail commandé. Enfin, symptôme décisif, P. Burty, lors de l'exposition de l'œuvre de Delacroix organisée à l'École des beaux-arts, recueillit de la bouche d'un maître très moderne et encore jeune cette

(1) J'ai consulté, pour la rédaction de cet article, les ouvrages généraux de MM. Henri Marcel et Fontainas ; les livres de MM. Tourneux, *Eugène Delacroix* ; E. et J. de Goncourt, *Manette Salomon* ; Camille Mauclair, *De Watteau à Whistler* ; Paul Signac, *D'Eugène Delacroix au néo-impressionnisme*.

brutale déclaration : « C'est sans intérêt pour nous. Nous ne voyons plus comme cela ; Bastien Lepage nous paraît plus chercheur et meilleur coloriste. » Un malentendu s'interpose donc entre critiques et praticiens. Pour nous en éclaircir, cherchons quel a été l'apport de Delacroix dans l'acquis artistique national ; quels principes nouveaux, quels exemples il a transmis aux peintres, et quel usage ceux-ci en ont fait ; quel départ il importe d'opérer dans cet héritage que les lettrés prisent si fort et que les artistes tiennent pour un respectable relief archéologique.

Le vrai, c'est que les uns voient l'aspect historique, le caractère exceptionnel de l'œuvre, et que les autres demandent. au peintre des conseils et des pratiques d'atelier. Les premiers admirent dans son génie un tempérament à peu près unique au monde, une pensée entièrement maîtresse du talent qu'elle anime, une forme puissante de l'imagination créatrice ressuscitant une tradition disparue et des moyens d'expression oubliés.

Et, ceci fait, ils découvrent dans son style les germes vigoureux d'une technique nouvelle dont nous voyons aujourd'hui le complet épanouissement. Les autres, peu curieux de formation intellectuelle, très familiarisés, à ce début du xxᵉ siècle, avec toutes les dislocations de la couleur et les analyses de plein air, examinent cet œuvre peint d'un point de vue étroitement technique ; et, sans savoir gré à Delacroix d'avoir été un grand « découvreur », ils relèvent ses erreurs, ses inexpériences, ses défaillances professionnelles..... et témoignent leur déception. Au total, avec un cerveau de grand humaniste modelé par l'hérédité classique et fécondé par le romantisme, il fut, en son temps, un peintre d'avant-garde. De nos jours, tandis que les éléments définitifs de son génie se dégagent et grandissent progressivement, l'apport romantique paraît frappé de caducité, ses hardiesses de palettes semblent timides et incertaines : Delacroix est dans l'histoire. La place qu'il y occupe est considérable, l'influence qu'il

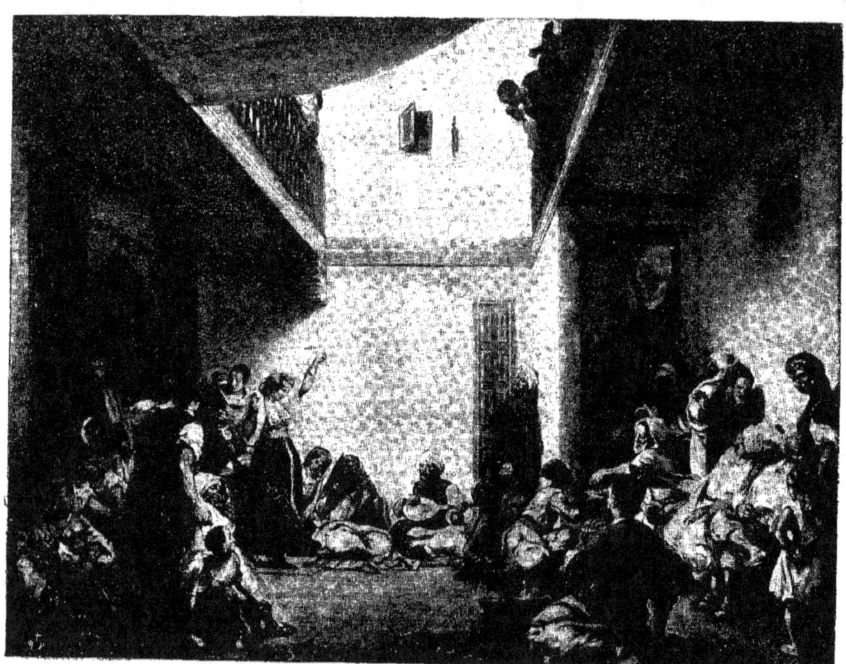

Phot. Giraudon.

E. Delacroix : *Noce juive au Maroc*. (Musée du Louvre.)

a exercée est presque nulle. Comme Watteau, il fut, sinon un méconnu, du moins un mal connu. Sa révolution fut à demi stérile et marque l'une des plus notables occasions que laissa perdre l'art français de se rénover par le retour à la tradition féconde de la couleur et de la lumière.

Delacroix fut, en son temps et concurremment avec Victor Hugo et le prince de Polignac, l'homme le plus haï et le plus copieusement injurié : « Sauvage, barbare, maniaque, enragé, fou..... il a le goût du monstrueux, du laid, de l'ignoble..... il jette des seaux de couleur contre la toile et peint avec un balai..... Sa peinture est une vraie tartouillade, une enseigne pour la Morgue. » Et cette critique courtoise n'est pas l'œuvre de quelques plumitifs inconsistants : elle est imprimée tout au long dans le *Journal des Artistes*, l'*Observateur des Beaux-Arts*, dans le *Journal des Débats*. Elle est signée de Delécluze et colportée dans les termes

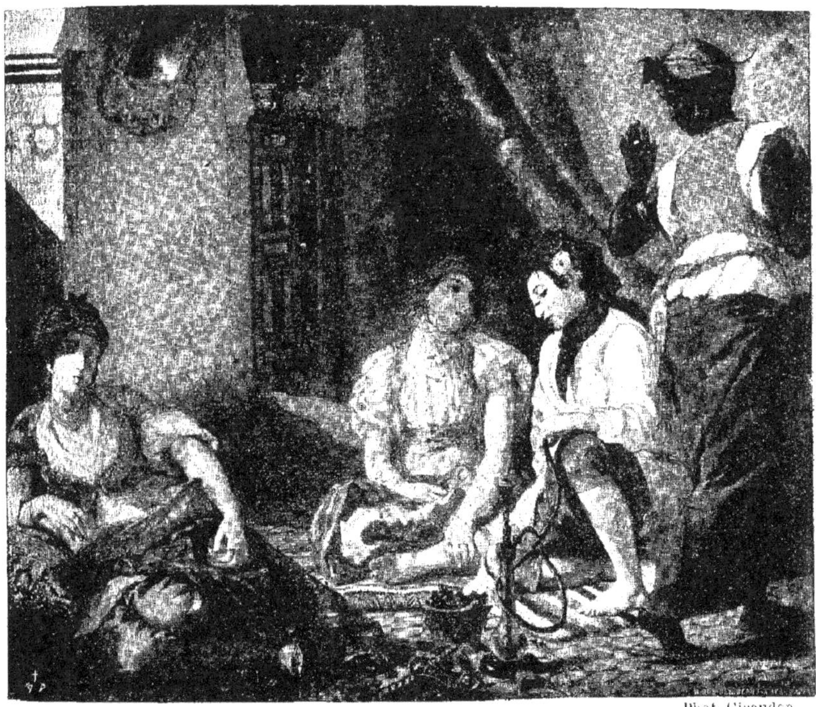

Phot. Giraudon.

E. DELACROIX : *Femmes d'Alger dans leur appartement.* (Musée du Louvre.)

mêmes par M. Ingres, de l'Institut. Lorsqu'il apprit que la décoration de la Chambre des députés était confiée à Delacroix, le *Constitutionnel* interpella directement le président du Conseil, montra les barbares aux portes de l'art, et, rappelant le gouvernement à son devoir, conclut par ces menaçantes paroles : « En vérité, la responsabilité ministérielle est plus qu'engagée : elle pourrait bien être compromise. » Pour combler la mesure, un journaliste hanté par l'art démocratique découvrit que tous les hommes en blouse aimaient et admiraient Delacroix ; George Sand, elle, prétendait que les ouvriers lisaient Jean-Jacques Rousseau ! C'était la condamnation du romantisme aux yeux du pays légal.

Pourtant, leur grosse colère une fois apaisée, les critiques académistes formulaient leurs griefs à peu près en ces termes. Ce qu'on reprochait à ce romantique, c'était avant tout le romantisme ; cette effervescence constante de l'imagination, cette tension des nerfs qui le portait à des sujets repoussants, insolites ou vulgaires. C'était l'ignorance, ou, qui pis est, le mépris des règles du beau éternel formulées par David et fondées sur les lois naturelles et imprescriptibles du canon antique. Et comme on ne pouvait lui nier quelque talent, il apparaissait plus criminel encore qu'ignorant; et son crime était énorme : excitation au désordre, provocation à l'anarchie, blasphème habituel contre la haute et traditionnelle destination de la peinture, contre la religion de cet art élevé dont l'École de Rome était le sanctuaire, l'asile et le palladium. Ceux mêmes qui sentaient la question mal posée et que ce révolutionnaire rêvait de hautes créations, en présence de ses déviations, de ses défaillances, notant des éclairs de génie et des fœtus de chefs-d'œuvre, le

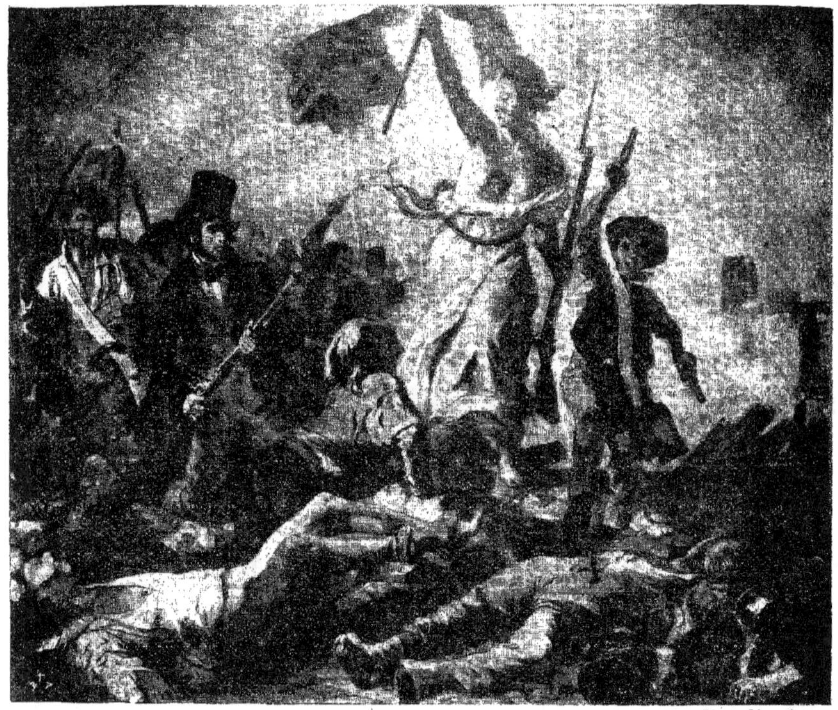

Phot. Giraudon.

F. Delacroix : *La Liberté conduisant les peuples.* (Musée du Louvre.)

qualifiaient le plus grand des ratés. Les peintres, moins éloquents, n'étaient pas plus encourageants. On signalait son dessin fou, hâtif et maladroit, exagérant dans le sens du mouvement, développant les muscles sans raison; ses colorations dures et crues; ses rouges et ses bleus foncés directs, jamais rompus, ses brocarts jaunes et roses maladroitement tirés de Véronèse, et une cacophonie de tonalités, une harmonie désaccordée, une composition de hasard qui n'acquiert quelque tenue qu'en se détachant sur des fonds tragiques et des effets de nuit. Pas de soleil, pas de lumières prises dans le ton lumineux de l'objet peint, mais des hachures de blanc pur, des demi-teintes boueuses ou vineuses. Jamais la belle pâte coulante et lumineuse des maîtres flamands et vénitiens. Au fond, Delacroix, c'est la lie de Rubens.

Violemment attaqué, Delacroix fut longtemps fort mal défendu. Pris à partie comme

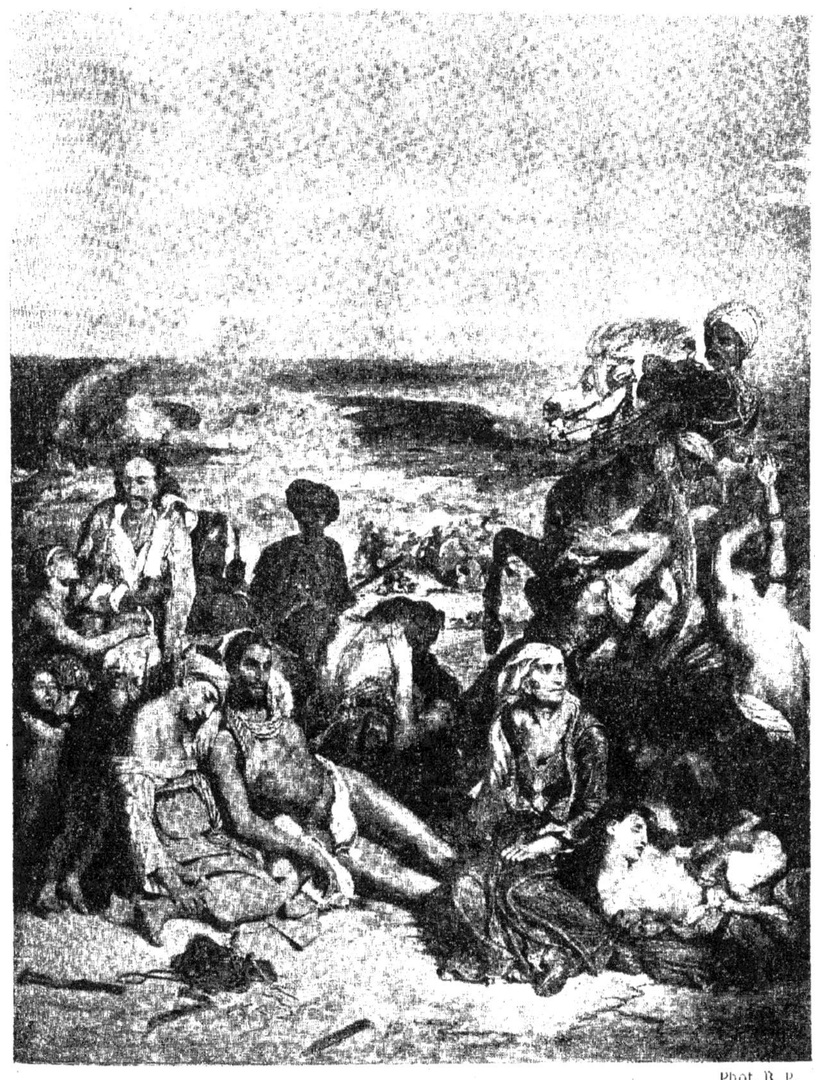

Phot. B. P.

DELACROIX : *Massacre de Scio.* (Musée du Louvre.)

romantique, les romantiques l'acclamèrent ;
il dut subir les dithyrambes des « Jeunes
France », popularité qui l'agaçait à un
degré invraisemblable, car ce romantique
peintre avait des manières de diplomate et
n'aimait pas Hernani. Lors du Salon de
1822, Thiers, dans le *Constitutionnel*, fut
très élogieux pour *Dante et Virgile aux
enfers*, et il fut seul à l'être dans la presse.
Mais en présence de l'incompétence tech-

nique et du verbiage incolore de cet exercice littéraire, on peut se demander si le
jeune journaliste songeait à autre chose
qu'à l'attitude originale que ce jugement
lui donnait.

« Aucun tableau ne révèle mieux, à mon
avis, l'avenir d'un grand peintre que celui
de M. Delacroix représentant Dante et Virgile aux enfers. C'est là, surtout, qu'on
peut remarquer ce jet de talent, cet élan de

supériorité naissante qui ranime les espérances un peu découragées par le mérite trop modéré de tout le reste..... Dans ce sujet si voisin de l'exagération, on trouve cependant une sévérité de goût, une convenance locale, en quelque sorte, qui relève le dessin auquel des juges sévères mais peu avisés ici pourraient reprocher de manquer de noblesse. Le pinceau est large et ferme, la couleur simple et vigoureuse, quoique un peu crue. »

Tel était le sentiment du plus éclairé des admirateurs de Delacroix. Par ailleurs, l'armée des jeunes, totalement ignorante en matière de technique picturale, avide de truculences héroïques ou sinistres, lui portait un enthousiasme sans discernement, le même dont elle honorait Devéria, Roqueplan, Ary Scheffer; quiconque flattait la geignarde sensiblerie romantique, provoquait ces larmes prêtes à couler et ces sentiments prêts à s'épurer en se satisfaisant.

Delacroix était à peine *primus inter pares*, et tous ceux qui ne l'exaltaient pas le haïssaient. Il était indispensable qu'il en fût ainsi, car la vue de ses tableaux, les commentaires bruyants des thuriféraires de la critique devaient froisser, choquer l'énorme majorité des Français cultivés de ce temps. L'éducation soi-disant classique comportait, pour la pratique de la vie intérieure et de la vie publique, un corps de doctrine parfaitement homogène, admirablement déduit et qui eût pu être tenu pour une véritable religion s'il n'avait été établi sur les principes de la raison humaine. Ces principes généraux régissaient toutes les formes de la pensée par des règles qui n'étaient elles-mêmes que l'expression de la logique appropriée à la littérature, à l'éloquence, aux beaux-arts, à la philosophie, à la morale, à l'économie politique, logique secondée par l'exemple des Romains, seule autorité humaine dont le témoignage fût admis. Ainsi, la vie intellectuelle, politique et sociale se déroulait d'un mouvement uni-

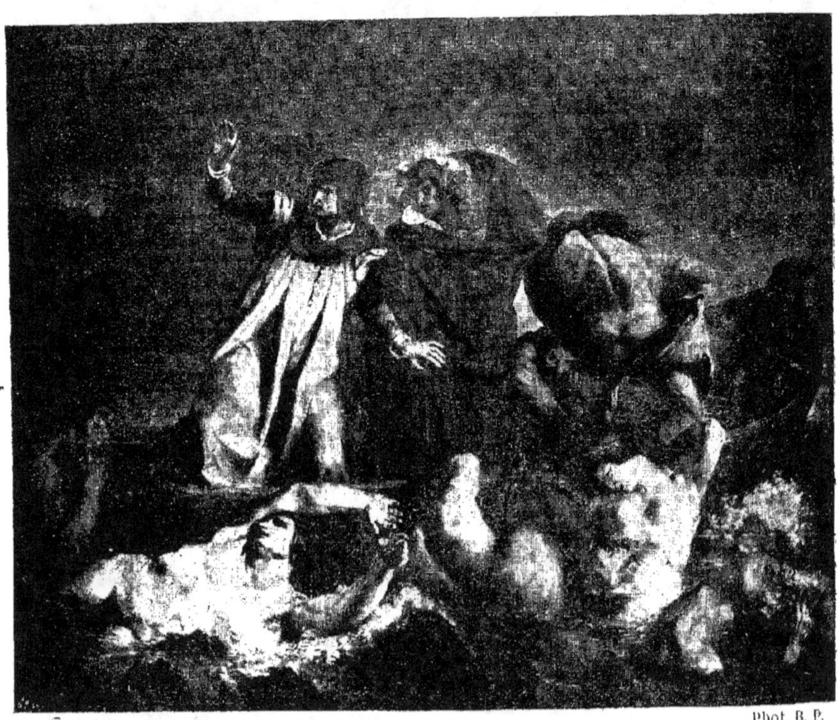

Phot. B. P.

DELACROIX : *La Barque de Dante*. (Louvre.)

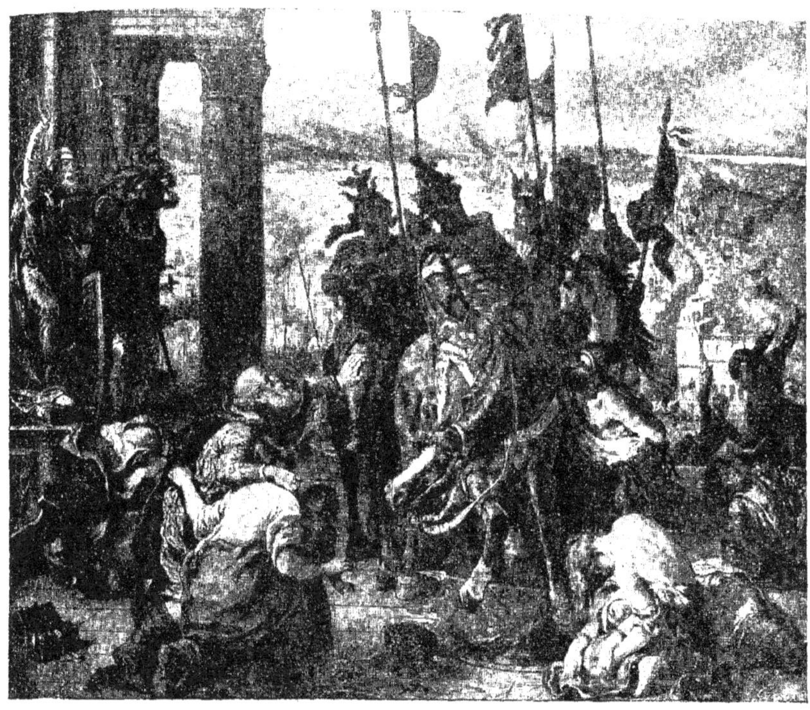

DELACROIX : *Entrée des Croisés à Constantinople.* (Louvre.)

forme réglé par le moteur unique de la raison; l'âme du corps social était une et indivisible; cet ordre, cette discipline trouvaient leur parfaite expression dans l'Université impériale. Ainsi, grâce à la généralité des idées directrices, les méthodes d'études étaient interchangeables, et les mêmes hommes étaient à la fois ministres, professeurs, critiques d'art, économistes, multipliant l'autorité de leurs doctrines artistiques par le coefficient de leur situation politique ou pédagogique. Ainsi, une attaque de principe dirigée contre le dessin de Girodet provoquait la mobilisation universelle, et l'Institut était d'absolue bonne foi en estimant Delacroix immoral, antisocial, criminel.

Or, entre autres lacunes, cet enseignement appliqué à la peinture négligeait la lumière et la couleur, contingences physiques indifférentes à la raison pure. L'atelier de David, à en juger par le tableau de Cochereau, était installé dans une remise;

tel maître de 1835 déclarait que les plus belles choses du monde pouvaient se faire dans une cave. Un professeur, corrigeant un travail d'élève, déclarait-il : « La lumière est bonne », il entendait que les fenêtres laissaient passer assez de soleil pour que le modèle parût bien en évidence, le profil cerné d'une ligne continue très tranchée sur le fond verdâtre de l'atelier. Et lorsque le même maître, examinant la toile du disciple, prononçait : « La peinture est bonne », il entendait que le ton était décent, étalé avec soin, uni et lisse, sans touche apparente, et fondu de l'ombre à la lumière à la manière d'un lavis : on n'enseignait pas à peindre : « Ce qui est bien dessiné, disait Ingres, est toujours assez bien peint. » On enseignait à réfléchir et à dessiner d'après une méthode stricte. Il était inévitable qu'en présence d'une culture française ainsi orientée, et défendu comme il l'était, Delacroix fût longtemps incompris et détesté. De fait, il dut attendre

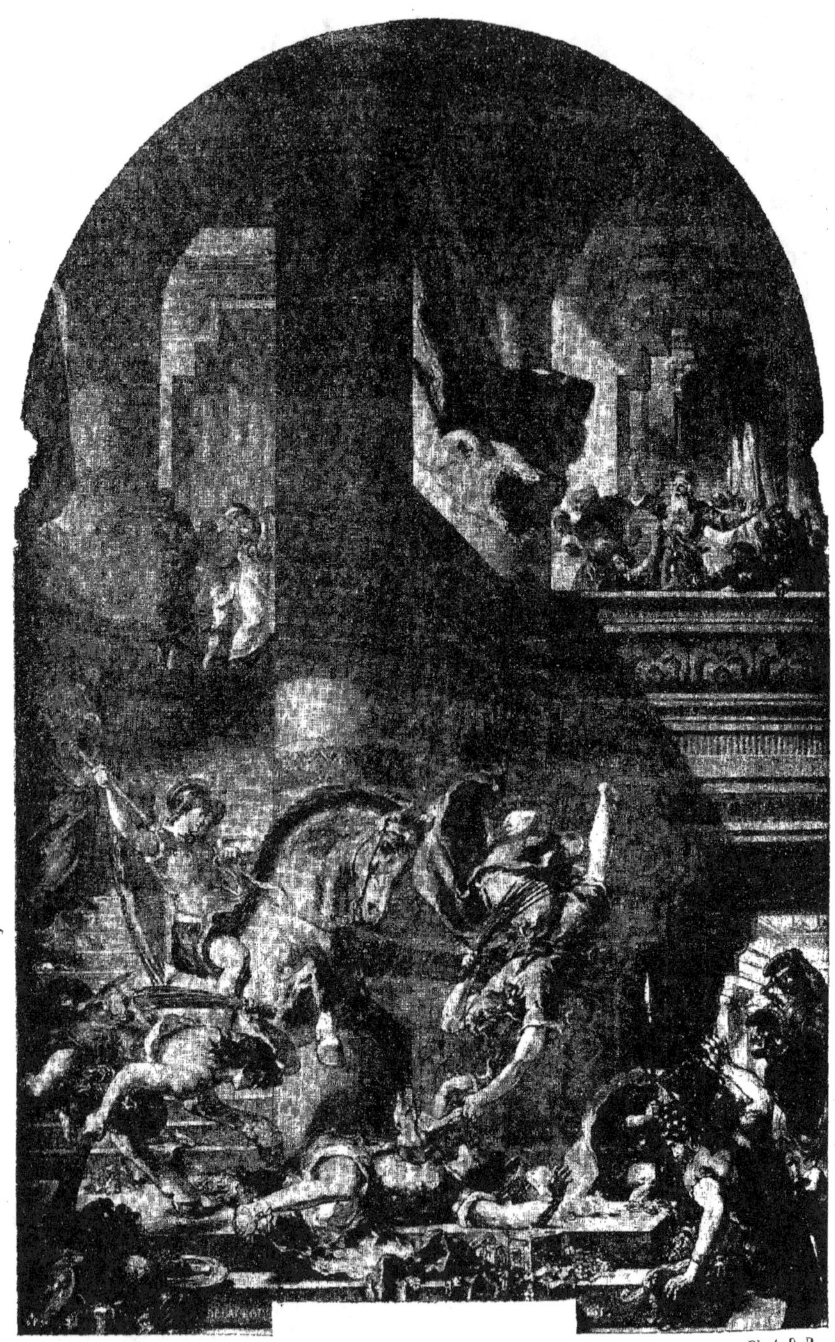

DELACROIX : *Héliodore chassé du Temple.* (Saint-Sulpice, Paris.)

Phot. B. P.

la fin du demi-siècle pour rencontrer quelques porte-parole un peu avertis. Il bénéficia de la faveur que conquit Théophile Gautier. Lors de l'Exposition universelle de 1855, Edmond et Jules de Goncourt purent imprimer ce jugement à peu près objectif :

« L'action est le génie, le démon de M. Delacroix. Dérober le geste, ravir la silhouette animée de la créature, conquérir le mouvement, jeter, captiver sur la toile la mobilité humaine ; pousser le tableau à cette violence des choses : le drame ; remuer, agiter, enfié-

vrer la ligne comme pour dépasser dans l'imagination du spectateur le moment, la seconde où la vie du fait a été figée pour ainsi dire...., voilà les inspirations et les ambitions de M. Delacroix, sa voix et son renom. Malgré des défauts et des erreurs, M. Delacroix — un grand talent qui vaut qu'on dise de lui un grand mal, — M. Delacroix est l'imagination de la peinture au xixe siècle ; parce que son *Dante et Virgile* est une des plus hautes compositions de notre époque ; parce que M. Delacroix est notre seul coloriste de grandes machines,

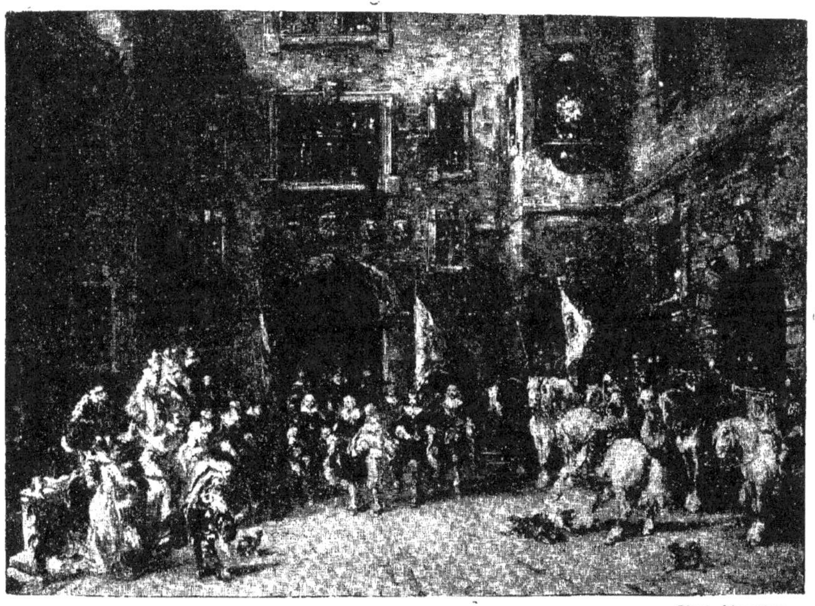

Phot. Giraudon.

Isabey : *Louis XIII au château de Blois.*

notre seul plafonnier ; parce que si M. Delacroix n'était pas l'élève de Rubens, M. Delacroix triompherait dans la postérité comme il triomphe dans son temps. »

Puis Charles Blanc, Beaudelaire, Ernest Chesneau, Théophile Silvestre. Eugène Véron étudièrent sa technique, signalèrent l'originalité de sa palette. Malgré tout, malgré l'entrée à l'Institut, Delacroix demeurait un insurgé et un isolé. À la veille de sa mort, la querelle n'était pas près de finir, et on pouvait résumer ainsi le réquisitoire et l'apologie.

Pour avoir adopté comme sujet « des bousculades, des rixes populaires, des orgies sanglantes, la Liberté dans le feu des émeutes, le sang, la poudre, le heurt et le coudoiement d'un millier de fureurs » ; pour avoir méconnu la hiérarchie des sujets « picturables », sujets grecs et romains, sujets bibliques, sujets tirés de l'histoire nationale, il était aux yeux du plus grand nombre un sacrilège, un iconoclaste, un fauteur d'anarchie et de décadence. Pour cette raison même, ses partisans l'acclamaient comme l'initiateur de la nouvelle renaissance, le libérateur de la pensée artistique. Les uns le louaient d'avoir su traduire les visions de ses frères les poètes, d'avoir exprimé la vie entière, la vie morale, depuis la mélancolie jusqu'à la passion folle, en surprenant toutes les attitudes physiques, les mouvements les plus subtils et les plus violents; et, pour ce motif, les autres lui criaient anathème, car il avait brisé l'image de la beauté antique, l'idéal plastique réalisé dans l'immobilité sculpturale des dieux de Rome. L'harmonie du nu classique, la correction grammaticale de la ligne et du drapé, il leur avait substitué l'anatomie canaille, la couleur vulgaire des réalités présentes. Telle était la position de la question : tous les adversaires moururent sans en avoir trouvé la solution.

Le siècle a passé, entraînant ces graves querelles. En attendant qu'un siècle prochain les ramène, elles nous paraissent, vues du vingtième, irritantes et vaines. Avant toute observation, un fait nous frappe, c'est l'énormité, l'importance et l'isolement de l'œuvre de Delacroix dans la vie artistique française. Cette production continue qui commence après la mort de David et s'achève aux débuts de Manet, sillonne largement le domaine de la peinture, à la façon d'un grand fleuve issu d'altitudes lointaines et qui traverse un lac sans y mêler ses eaux, imposant à la stagnation ambiante l'ardeur de son débit et le coloris de ses flots. Cette puissante originalité, on l'a analysée et contestée; on en a trouvé l'origine dans Rubens et dans Véronèse; le critique acerbe du *Journal des Artistes* releva dans la *Pieta* de Saint-Denis du Saint-Sacrement tous les plagiats de l'auteur. Certes, oui, Delacroix eut des maîtres! Et quel artiste aura l'hypocrisie de lui en faire un grief? A ceux déjà nommés il faut ajouter Titien, Corrège, Rembrandt. Et quand même ses emprunts auraient été plus directs encore, n'est-ce donc pas méritoire que d'avoir, à cette époque, choisi une direction autre que celle de David, et surtout d'avoir déserté l'enseignement stérile des davidiens ; d'avoir exploré les écoles de la Renaissance; retrouvé, aux sources réelles de l'art classique, une tradition tombée en désuétude; déployé aux yeux des peintres tout un domaine de la peinture où l'académisme leur avait interdit de pénétrer ; rompu cette conspiration de la cécité ourdie contre la couleur et la lumière et dont les victimes se nomment la Flandre, la Hollande, l'Italie ! Largillière, Watteau, Boucher, Fragonard, Chardin ! L'ac-

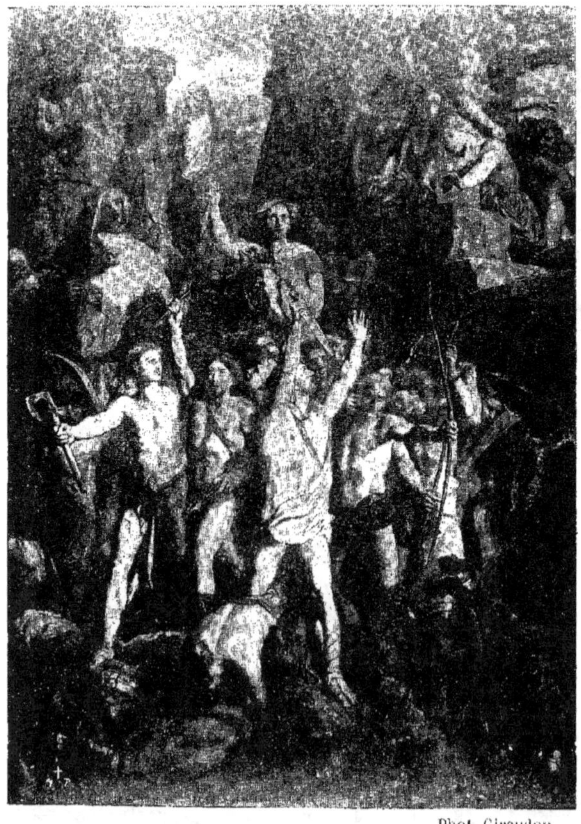

CHASSÉRIAU : *La Défense des Gaules*. (Musée de Clermont-Ferrand.)

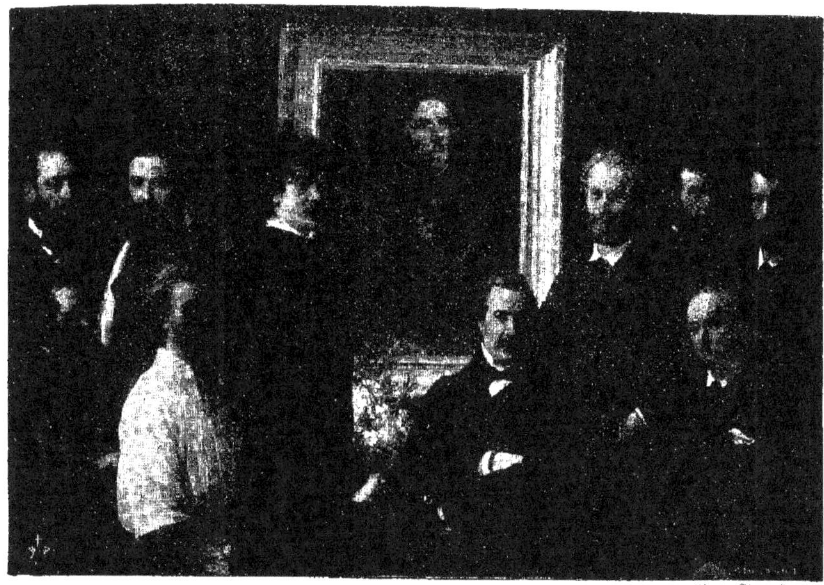

Phot. Giraudon.

Fantin-Latour : *Hommage à Delacroix*. (Musée des Arts décoratifs.)

cusation d'ignorance fut celle que les critiques officiels renoncèrent le plus vite à diriger contre Delacroix : sa science, sa tradition remontaient au xvie siècle ; la leur procédait du romanisme des Droits de l'Homme et du Citoyen. Certes, il étudia les peintres de la Renaissance, et auprès d'eux il apprit le secret des larges compositions décoratives, secret perdu en France depuis Lebrun. Il est le seul « plafonnier » de son temps, le seul qui sache garnir une surface de douze mètres sur quinze, et par là son nom est assuré d'une gloire aussi durable que les pierres de Saint-Sulpice, du Louvre et du Palais-Bourbon.

Nous restons stupéfaits aujourd'hui devant les tempêtes que soulevait le sujet de chacune de ses compositions. Que le texte en fût tiré de la *Divine Comédie* ou du *De Viris illustribus urbis Romæ*, et voilà l'existence même de l'art engagée ! Cette superstition du sujet constitue certainement l'un des plus solides et des plus funestes malentendus de la peinture française. On a pensé longtemps que le but d'un tableau était de fournir un complément d'expression, un commentaire agrandissant à des pensées marquées en noir sur du papier blanc. Delacroix l'a cru comme tous ses contemporains, mais il n'illustrait pas les mêmes textes que Girodet. La pensée trouvant son maximum d'objectivité dans la forme littéraire, tant vaudra le texte choisi comme thème et tant les formes auxiliaires, peinture, sculpture et musique. Hiérarchiser ainsi les genres, c'était, de la part des critiques, un aveu d'impuissance à en distinguer les caractères individuels. Mais la conception était tenace et on la croyait classique. Elle est fausse, cependant ! Si le but d'une œuvre d'art doit être de suggérer pensée ou émotion, ne croyez pas que le tableau le plus propre à cette fin doive être le plus chargé de sujet. La preuve est que le genre pictural, qui, par définition, n'en comporte point, le paysage, peut exprimer intensément l'harmonie, l'angoisse, la grâce, le désespoir, alors que les mises en scène les plus tragiques, Brutus condamnant ses fils, ou, si l'on préfère, Ugolin dans sa prison, nous laissent l'âme fort calme. Et si le privilège littéraire était fondé, songez quelle prime offerte à la médiocrité technique compensant par la noblesse et la portée morale

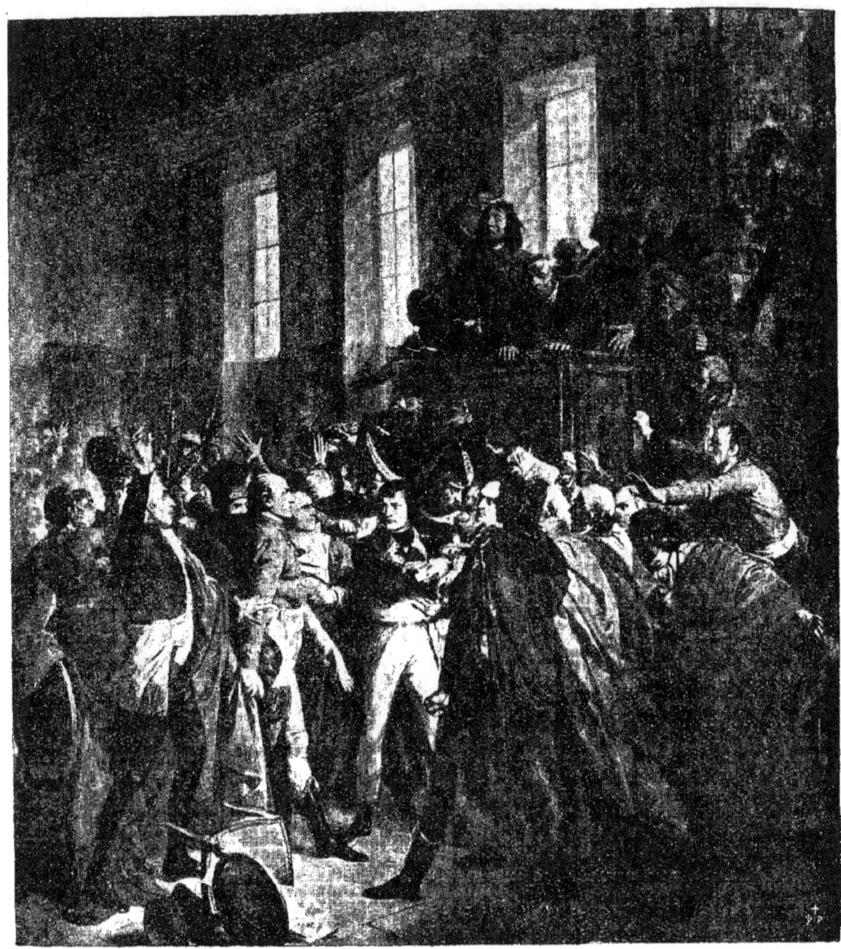

BOUCHOT : *Le 18 Brumaire.* (Musée de Versailles.)

du sujet une composition infirme et un coloris misérable, et quel extraordinaire auto-
dafé de Flamands, Hollandais, Vénitiens, et
Rembrandt, Steen, Brouwer, Téniers, Hals,
et Giorgione et les Bellini, sans compter les
paysagistes de toutes patries, gens peu
préoccupés du sujet (1) !

Si Delacroix combattait le privilège classique, il croyait cependant, comme tous ses
contemporains, à la vertu du sujet, et le
plus clair motif de l'admiration qu'il inspirait à ses admirateurs, c'était — on s'en
souvient — sa solidarité intellectuelle avec
les poètes romantiques. Or, c'est précisé-

---

(1) Conclusion, ripostera un classique, le sujet
est indifférent ou inutile! Point du tout; car il
n'est pas d'art élevé sans soutien et sans portée
intellectuelle. Mais cette pensée ou ce sentiment
n'est pas, pour un peintre, un but directement
visé, l'objet d'une démonstration picturale, c'est
l'impression dégagée par le tableau après son

achèvement. L'artiste ici n'agit pas différemment
de la nature qui, par son seul spectacle et sans
« le faire exprès », suggère un monde d'idées ou
de sentiments. Rembrandt fait rêver les esprits
cultivés aux problèmes philosophiques les plus
abstraits : c'est l'effet d'un rayon lumineux
emplissant une pièce close, frôlant des meubles

ment sous cet aspect que, de nos jours, son art apparaît comme le plus indifférent; le romantisme, c'est l'élément momentané, aujourd'hui caduc, de sa formation; c'est la part viagère de sa gloire. Paradoxe à part, Delacroix fut grand malgré le romantisme. Ce ne fut que l'excitateur de son esprit; beaucoup d'autres influences eussent pu remplir cette fin, et peut-être quelques-unes l'eussent-elles fait avec plus de succès.

Ce par quoi il est unique parmi les peintres de son siècle et s'apparente aux plus évidents génies, c'est sa puissance créatrice, l'intensité de sa vie intérieure, la sûreté avec laquelle cette vie se communique à sa main, au point qu'un tableau de Delacroix, c'est l'expression immédiate de sa pensée projetée sur la toile. Il voit en soi-même, il porte son sujet: son journal est jalonné d'appels fervents, sortes d'oraisons jaculatoires: « Recueille-toi et ne pense qu'à Dante! » Tout se révèle à la fois: composition, coloris, lumière! Alors, quand son exaltation est au paroxysme, comme la Pythie parle, sous l'action de son démon, il entre en éruption, et sa main fiévreuse voudrait couvrir à la fois toute la toile. De là l'unité ardente de ses grandes compositions qu'on sent pour ainsi dire conçues et exécutées d'un seul tenant;

dence cette homogénéité; de là le rapprochement de qualités presque contradictoires, « l'énergie audacieuse des mouvements et des raccourcis, la noblesse tranquille des attitudes, l'action dans son déchaînement sauvage près de la méditation absorbée et du repos voluptueux ». Ainsi, dédaignant les conventions d'école abusivement nommées traditions, Delacroix, remontant le

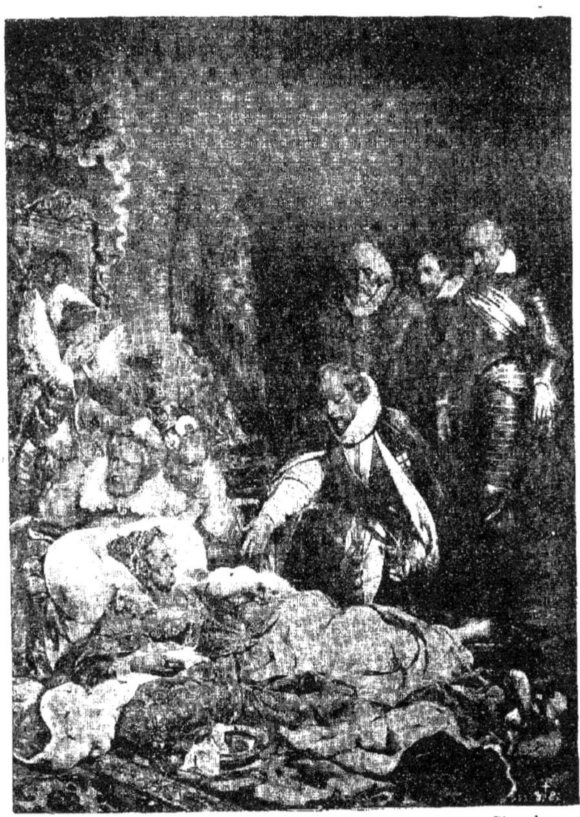

Phot. Giraudon.

P. Delaroche: *Mort d'Elisabeth d'Angleterre*. (Musée du Louvre.)

de là l'enchaînement décoratif des formes, le groupement des tonalités, la coalition de tous les éléments propres à mettre en évi-

cours des siècles, ressuscitait la mentalité des grands fondateurs du classicisme, Vinci, Michel-Ange, et semblait prendre exemple sur la nature même qui, par sa finalité, exprime l'unité du plan providentiel.

Est-il si remarquable qu'un artiste s'enthousiasme pour le sujet qu'il a adopté et travaille sous la dictée de son émotion? Poussin, Champaigne, Claude Lorrain,

---

ou des visages et inondant en nappe tout le premier plan. Et que dire des compositions espagnoles dont l'exact réalisme engendre directement le sublime? Sous réserve de paradoxe, on pourrait conclure ainsi cette petite dissertation : « Faites d'abord le tableau; le titre viendra après! »

Watteau, Devéria, Gérard et Ary Scheffer n'ont jamais agi autrement. Tout récemment, on leur faisait grief de s'être rendus esclaves de la littérature ; et voilà Delacroix glorifié et coupable d'un délit identique. L'admirable n'est point le parti pris littéraire de ce dernier, mais c'est la puissance créatrice de son imagination dépouillant de l'enveloppe intellectuelle le motif de son inspiration, l'assimilant, le fondant dans une conception nouvelle et originale ; c'est la domination qu'il exerce sur son talent, grâce à quoi son œuvre est comme l'émanation directe de son état d'âme. En un mot, c'est son tempérament. Oui, Delacroix est de même race et de même formation que ses contemporains, mais il leur ressemble comme un colosse à un nain ; eux représentent la forme médiocre, lui la forme supérieure d'un même type.

Et ce trait, qui le classe dans la tradition séculaire française, le différencie profondément d'un Rubens, d'un Véronèse, d'un Vélasquez ou d'un Titien. Pour Delacroix, la ligne, la couleur sont le langage approprié à la passion, au tourment intérieur ; jamais peinture ne mérita mieux l'épithète d'éloquente : elle est la servante de sa pensée. Quelle pensée et quelle grandeur dans cette

servitude ! « Par delà les anciens peintres, on sent en lui le révélateur d'un monde et l'interprète de notre temps. Allez voir sa *Médée*, son *Dante*, son *Tasse*..... et le reste, et grondez en le comparant aux vieux maîtres ; mais songez qu'il a dit une chose neuve et la seule dont nous ayons besoin. »

Pour ces prestigieux ouvriers, la couleur et la composition sont l'unique raison d'être de l'art ; aucun rapport entre la besogne professionnelle et les circonstances de leur vie morale. Un Rubens, l'esprit occupé des plus divers projets, établit les valeurs d'une éclatante symphonie, froisse des soies, fait vibrer des cuirasses. L'impassible Vélasquez, attentif à son seul métier, crée, sans paraître y prendre garde, des images majestueuses et tragiques évoquant Bossuet et Shakespeare.

Par sa psychologie, par ses maîtres, il se révèle sans réticences : un grand constructeur, établissant une scène en profondeur, bâtissant une figure, massant des groupes ; répartissant à travers l'espace la lumière en larges nappes, la couleur en indications vigoureuses ; disposant toutes choses en vue de l'effet d'ensemble..... incapable de minutie ! Certes oui, son dessin est défectueux, les muscles hypertrophiés dans le sens du mouvement, les jointures mal attachées, les cambrures invraisemblables ; certes, ses fonds sont chargés, durs ; ses tons crus et directs ; ses lumières sont des indications de blanc pur, et l'harmonie de son coloris est souvent mal assurée. Et pourquoi, si ce n'est parce que ce grand impatient en posant une touche songe moins à celle-là qu'à toutes les suivantes et qu'à l'ensemble prochain ; parce que le métier fléchit dans sa main et trahit maintes fois sa pensée ; parce que, à l'encontre d'un Watteau, héritier d'une lignée de coloristes, disposant de l'acquis

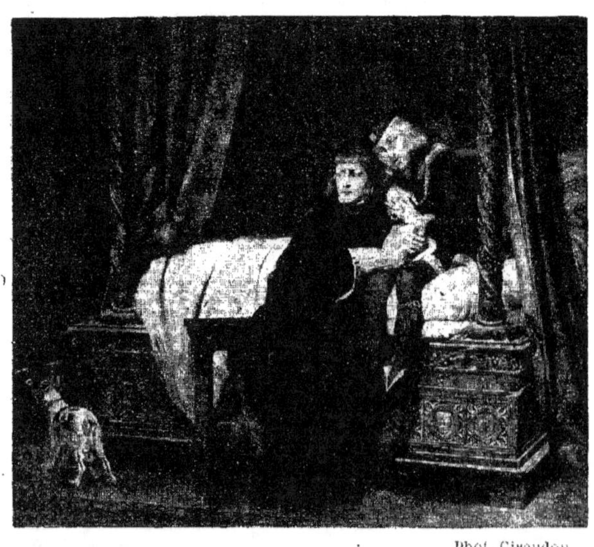

P. Delaroche : *Les Enfants d'Édouard.* (Musée du Louvre.)

accumulé des Rubens et des Van Dyck, Delacroix, lui, doit créer sa technique, inventer sa palette, imaginer tout son vocabulaire expressif avec l'aide lointaine de quelques Flamands et Vénitiens, avec des conseils fortuits, ceux de Bonington. La peinture française, qui ne fut jamais fort coloriste, avait complètement cessé de l'être depuis le triomphe de David : Delacroix restaurait sur des ruines. Étonnez-vous donc qu'il n'offre point du premier coup des qualités d'affinement résultant d'un siècle de culture. Eh non ! Il n'a pas les carnations brillantes, les belles pâtes lumineuses, la coulée franche et spontanée de Rubens. Non, car il est mort avant d'avoir acquis cette aisance de style et la tranquillité d'esprit indispensable pour l'acquérir ; car il est de ceux qui enfantent dans la douleur. Revenons toujours à ce point qu'il est de son siècle et atteint du mal romantique, luttant perpétuellement contre l'impuissance d'agir dont il fut, comme toute sa génération, frappé dès le berceau. En 1815, il s'est senti envahir par une immense lassitude désolée et porte au cœur « quelque chose de noir qu'il ne parvient pas à effacer » : d'où l'âpreté de sa composition, la colère inconsciente de son coloris et cet on ne sait quoi qui fait songer à un assaut ou à une revanche. Et puis, Delacroix est un révolutionnaire ou plutôt un contre-révolutionnaire (1), il frappe plus fort que juste. Aux

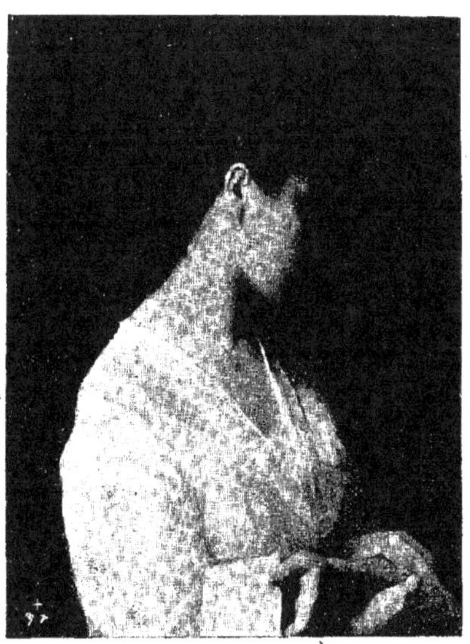

H. FLANDRIN : *Liseuse*. (Musée du Louvre.)

défauts des davidiens, il oppose ses propres défauts, plus soucieux parfois d'un triomphe de système que d'une œuvre harmonieuse. On doit le reconnaître, les reproches formulés par les peintres de son temps étaient assez fondés ; mais, au lieu de signaler ses éclairs de génie, ses fœtus de chef-d'œuvre, de lui tourner le dos en le traitant de raté, il eût été plus habile de se mettre à son école. Il n'y avait aucun espoir d'assimiler son tempérament, mais la monnaie de son génie pouvait alimenter bien du talent ; ses défauts, il les connaissait mieux que personne et devait aider à les corriger. Restait à étudier, à développer et mettre au point la technique nouvelle qu'il avait fondée.

Nous restons étonnés de la violence des controverses qui s'attachèrent jadis à l'œuvre de Delacroix ; mais, dans cette violence même, le point remarquable, c'est la monotonie. De 1822 à 1860, les attaques se répètent, identiques au fond et formulées en termes analogues. Or, il n'est que d'étudier parallèlement les *Massacres de Scio* et *Héliodore chassé du temple* pour constater dans la « manière » du peintre une transformation certaine. La critique ne le vit pas ; et cependant, si l'on examine d'un coup d'œil d'ensemble son œuvre entièrement déroulé, on remarque un point d'évolution fort net qui se place dans sa vie au moment du voyage au Maroc. Jusqu'à cette date, Delacroix est encore un étudiant, un homme de méditation et de

(1) D'un contre-révolutionnaire à un révolutionnaire, la différence de tempérament est souvent insensible. Pourtant, quand il s'agit de Delacroix, le mot a son importance. Un lieu commun des manuels d'histoire générale consiste à intituler le

mouvement romantique de 1830 : contre-coup des principes de 1789 en matière intellectuelle et artistique. A ce compte, Delacroix en peinture occuperait une position symétrique à celle de Mirabeau ou de Danton en politique. Cette conception est retraite, s'efforçant d'exprimer sur la toile toute l'ardeur de sa vie intérieure en prenant prétexte de quelque scène romantique et puisant ses moyens d'expression au Thesaurus des musées. Outre mer, il prendra contact directement avec le monde extérieur, vérifiera la réalité de ses expériences d'atelier et comprendra que les harmonies argentées d'un Véronèse, l'or nué d'un Rembrandt, la pâte étincelante d'un Corrège sont autre chose qu'un vocabulaire merveilleux créé par des philologues de génie, autre chose que des notations expressives de la joie, de la richesse et de la mélancolie, mais bien des éléments réels puisés dans la nature et appropriés par des cerveaux d'artistes. Il *verra* clairement que la lumière, diluée dans l'atmosphère, absorbée et traduite par les différentes tonalités, est le principe et la raison de la connaissance artistique. A la période de recueillement va succéder la révélation du soleil, de l'enveloppe aérienne, de l'infinie complexité de la couleur.

Le premier bénéfice de ce voyage fut d'effacer de son imagination toute préoccupation littéraire. Rien de plus indifférent à l'amour et à la haine que les *Femmes d'Alger dans leur appartement,* si ce n'est la *Noce juive au Maroc;* et cependant Delacroix n'a jamais point de plus sûr chef-d'œuvre. Point de nerfs, point de fièvre; ce n'est pas un facteur subjectif qui assure l'unité de composition, c'est la nappe de soleil tombant sur la muraille du patio et tamisée par le vélum, ménageant sur le pourtour du tableau des marges d'ombre profonde et transparente; c'est un rayon échappé par une porte latérale qui assure l'enchaînement des groupes de droite bousculés en un chaos ordonné; c'est le reflet des surfaces éclairées qui crée la pénombre où s'agitent les danseuses. Et quelle heureuse idée de peintre que ces musiciens nettement détachés sur le mur de chaux

___

fausse. Le romantisme, c'est le jaillissement au plein jour d'un flot d'inspiration né au XVIII⁰ siècle et qui fut refoulé par la contrefaçon de classicisme dont la Révolution et l'Empire assurèrent le triomphe. Ainsi, le révolutionnaire en peinture, ce fut le jacobin politique David; et le contre-révolutionnaire Delacroix!

éclatante! C'est bien par la grâce de la lumière que cette scène paraît exécutée d'un seul trait, d'une seule haleine. Et quelle sérénité dans l'exécution! Plus de déformations, plus d'outrances : un dessin tranquille et souple, mou comme le lainage des burnous, sec et brillant comme la soie des gandouras. La joie des verts dont l'éclat contenu s'accorde à l'éclat radieux des blancs; la calme gaieté du soleil filtré, de l'agitation sans tumulte de cette assistance! Voilà l'expression, voilà le sujet du tableau! Celui des *Femmes d'Alger,* c'est l'intérieur blond, clair, limpide du harem, cette atmosphère épurée qui semble créée pour des sens plus affinés que les nôtres! Delacroix retrouvait dans la réalité vivante le clair-obscur des Hollandais et de Vélasquez; il voyait cette région moyenne, participant à la fois de la lumière et de l'ombre associées dans un équilibre perpétuellement déplacé. Jadis, à l'atelier, il l'avait observée chez les vieux maîtres parce qu'il la trouvait parfaitement appropriée à l'expression des étapes progressives du sentiment, depuis les délibérations tragiques et noires jusqu'à la passion éclatante et lumineuse. Dans la pièce où l'on sent flotter le soleil accroché à toutes les molécules de l'air, où l'ambiance est presque visible, le peintre ressuscita cette connaissance de l'enveloppe aérienne pratiquée par les classiques de la Renaissance et niée par les classiques davidiens, retrouvée par Watteau et Fragonard, cherchée en vain par Chardin. Ainsi Delacroix venait d'accomplir la plus féconde des conquêtes: il avait vu l'action réciproque des trois éléments de la vérité picturale : lumière, couleur, atmosphère, et compris la constance de leurs combinaisons, quel que fût le coin du monde moral observé, quelle que fût la préoccupation intellectuelle de l'observateur. Un moment, on put croire que, généralisant sa découverte, il allait, avec ce parti pris technique, aborder les sujets modernes. Dans la *Barricade,* on vit un torse de femme, un groupe d'insurgés modelés au grand jour de la rue, un enfant s'avançant dans l'ombre de la Liberté et qui n'avait pas posé à l'atelier, le coloris brun, noir, blanc des vêtements modernes, et, au fond, l'Hôtel de Ville estompé dans l'atmosphère parisienne alourdie par le vent d'émeute des trois Glorieuses. Si l'artiste eût prolongé ses études, s'il eût porté son attention sur les maîtres espagnols dont la palette austère l'eût éloigné des fanfares vénitiennes et flamandes et l'eût accoutumé aux tonalités atténuées du monde moderne ; s'il se fût appliqué à exprimer l'aspect artistique de la société française de son temps, quelles conséquences historiques se fussent produites, quelles révolutions en art eussent été évitées !..... On ne peut faire que Delacroix ne soit resté fidèle à sa personnalité antérieure, à son penchant pour certains maîtres et une certaine palette, qu'il ne soit demeuré un romantique. Il ne fut pas le fondateur du réalisme contemporain ; mais ayant, avant le voyage au Maroc, peint les *Massacres de Scio*, il peignit après ce pèlerinage l'*Entrée des Croisés à Constantinople*.

« Il imagina, écrit Fromentin, même pour ses tableaux de plein air, une sorte de jour élyséen, doux, tempéré, égal, que j'appellerai le clair-obscur des campagnes ouvertes. Il a pris à l'Orient les bleus forts de son ciel, ses ombres blêmes, ses demi-teintes molles ; quelquefois il a fait tomber sur un parasol ouvert quelque chose comme la pesanteur d'un morne et lourd rayon de soleil, mais il se plaît dans les clartés froides, les vraies lumières de Véronèse..... Le coloris d'Eugène Delacroix a un autre caractère. Par une vertu bien rare dans toutes les écoles, il garde quelque chose de subtil et d'intellectuel. Il est toujours le vêtement que réclamait la

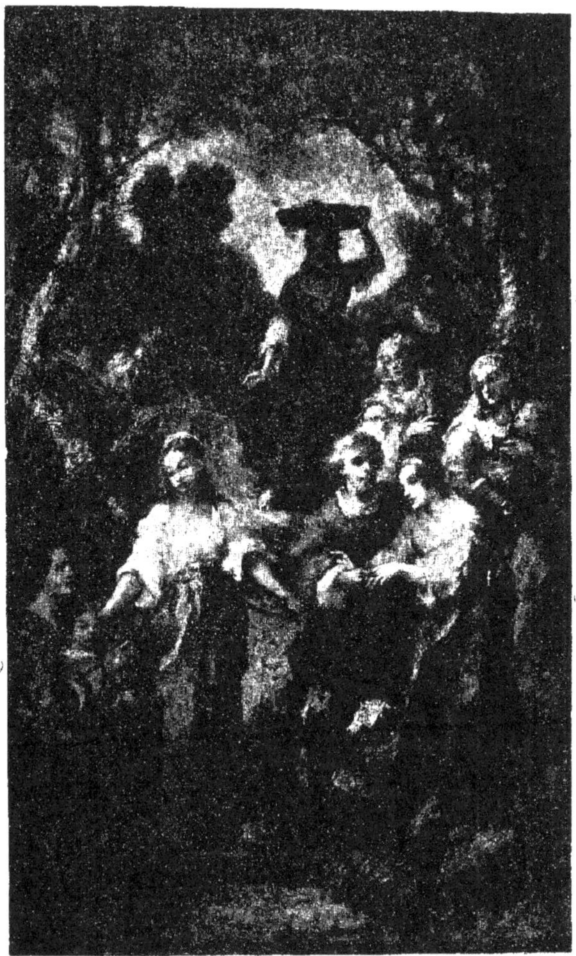

DIAZ : *Les Bohémiens*. (Musée du Louvre.)

pensée. Dans sa vérité, infinie comme l'âme humaine, il contient du drame et de la joie. Tantôt l'artiste souverain entrelace les notes gaies et brillantes, tantôt il entremêle les notes attristées et tragiques. Ses tableaux vous parlent de très loin : vous êtes averti, vous savez que le peintre va vous conter une histoire heureuse ou une sinistre aventure. Il a la fanfare ou l'épouvante, le sourire ou le sanglot. Chez Delacroix, la couleur n'a jamais cessé d'être un langage. »

Elle fut aussi l'objet d'une étude directe, il l'analysa comme fin ; et, par là, il s'est rangé parmi les ancêtres des plus aventureux artistes modernes. Ce parti pris de coloriste, les contemporains le remarquèrent très vite ; cette prétention de confier à la couleur toute la fortune d'un tableau, on la blâma aigrement; l'auteur fut accusé de mépriser ou d'ignorer la forme. Toute la carrière de Delacroix, c'est la hantise, la conquête de la couleur. Il progressa par étapes. L'ayant d'abord conçue comme signe et notation de la passion, il arriva assez naturellement à la considérer comme l'agent nécessaire de la composition picturale. Suivant l'exemple de Rubens, il s'appliqua à ordonner toutes les valeurs d'un tableau par rapport à un ton directeur, comme un orateur groupe son développement dans le rayonnement d'une idée générale. Cette étude des tonalités dans leurs relations réciproques l'amena aux recherches d'érudition sur la nature et l'éclat des couleurs. Et comme l'exécution manuelle, la manière de déposer le ton sur la toile révèle l'homme même, car c'est à la fois le style et l'écriture, il voulut refaire la syntaxe du coloriste. Cette évolution était inévitable; pas un fervent de la couleur qui ne l'ait accompli! On la suit chez Watteau; Delacroix la constata chez Rubens et la prolongea très loin. Nous avons la bonne fortune que le peintre, dans son Journal, ait donné fréquemment le commentaire de ses tableaux. Nous pouvons ainsi comparer les intuitions aux résultats.

De son séjour en Afrique il avait gardé une nostalgie de soleil qu'il ressentait plus vivement et par contraste au contact de l'ombre lourde et opaque du ciel de Paris. Il en conçut une haine véritable contre les procédés techniques par lesquels les peintres exprimaient la diminution progressive et l'absence de lumière : il déclara la guerre au gris, l'ennemi de toute peinture, bannit de sa palette toute couleur terreuse. Ayant observé à Tanger la couleur criarde des lainages, des tapis, des faïences, et constaté que, par la grâce du soleil d'Afrique, ces verts et ces rouges, ces violets et ces jaunes se combinaient avec une parfaite justesse, il résolut de rechercher en toutes circonstances ces rapports de tons purs qui, sou-

mis à certaines conditions de lumière, reconstituent les nuances les plus variées du spectre. A cette théorie neuve il découvrit des précédents : certaines carnations de Rubens sont de véritables arcs-en-ciel :

« Rubens, écrit-il, produit les teintes les plus éclatantes avec des couleurs franches et virtuelles telles que des verts et des outremers..... Il est indispensable de passer *l'un après l'autre* le vert et le violet, et non pas de les mélanger sur la palette. »

Dans les *Femmes d'Alger*, il oppose le rouge orangé au bleu vert; un turban rouge à une draperie verte; voici un dallage violet et vert, un pantalon vert moucheté de jaune, un foulard jaune rayé de rouge. Mêmes recherches dans les *Convulsionnaires de Tanger*, dans *Muley-Abd-er-Rhaman entouré de sa garde*.

« A Saint-Denis du Saint-Sacrement, j'ai dû peindre les lumières avec du jaune de chrome pur et les demi-teintes avec du bleu de Prusse. L'orangé mat dans les clairs, les violets plus vifs pour le passage de l'ombre et des reflets dorés dans les ombres qui s'opposaient au sol..... »

Les peintres de 1840 avaient été frappés par l'emploi de cette méthode, et la plupart n'en avaient pas été complètement charmés :

« Sa touche, écrivent Edmond et Jules de Goncourt, est pénible et se complaît à d'ingrates hachures. Parfois, ses têtes à peine lavées d'huile colorée sont pointillées de mouches, brun, vermillon, cendre verte, un pointillé multicolore qui s'assemble à distance et donne aux chairs ce scintillement nacré. »

A vrai dire, c'était moins de la décomposition optique des tons qu'on lui faisait grief que de la fragmentation des touches sur la toile, des taches juxtaposées de jaune et de bleu par lesquelles il obtenait un vert : cette sorte de scintillement déconcertait l'œil habitué au lavis à teintes fondues des élèves de David. Delacroix se récriait, revendiquait le droit de fonder son style sur une convention préliminaire tout aussi légitime que telle autre plus généralement admise :

« Il y a dans tous les arts des moyens

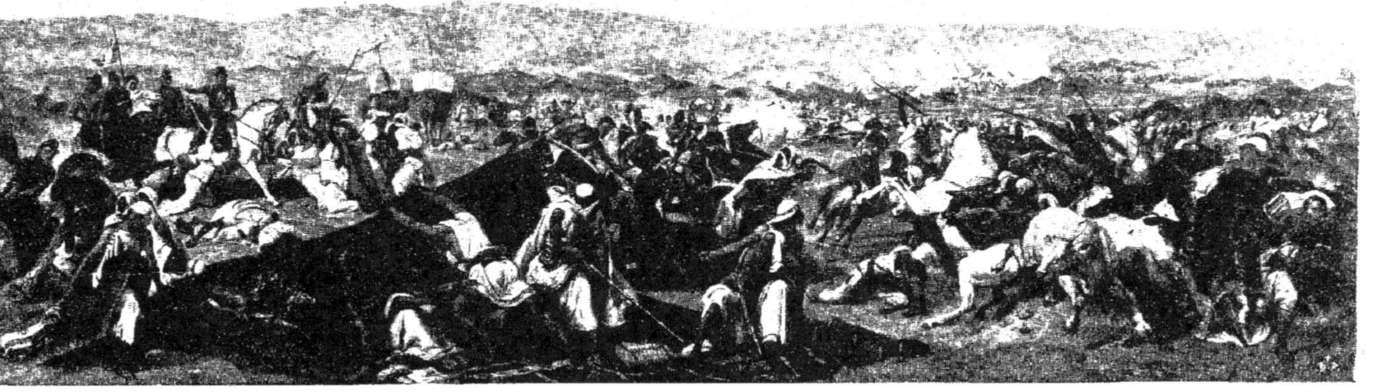

HORACE VERNET : *La Prise de la Smala*. (Musée de Versailles. Fragment.)

Phot. B. P.

d'exécution adoptés et convenus, et on n'est qu'un connaisseur imparfait quand on ne sait pas lire dans ces indications de la pensée..... Le vulgaire préfère à tous les autres les tableaux les plus lisses et les moins touchés..... Que dirait-on des maîtres qui prononcent sèchement les contours tout en s'abstenant de la touche? Il n'y a pas plus de contours qu'il n'y a de touches dans la nature. Il faut toujours en revenir aux moyens convenus dans chaque art qui sont le langage de cet art. Beaucoup de ces peintres qui évitent la touche avec le plus grand soin, sous prétexte qu'elle n'est pas dans la nature, exagèrent le contour qui ne s'y trouve pas davantage. Le temps donne à l'ouvrage, en effaçant les touches, aussi bien les premières que les dernières, son ensemble définitif. »

Or, ces deux principes, division optique des divers éléments des tonalités, juxtaposition sur la toile des touches distinctes destinées à recomposer synthétiquement le ton local de l'objet, c'est proprement..... le fondement de l'impressionnisme contemporain. Voilà pourquoi M. Camille Mauclair signale avec éclat, dans l'*Entrée des Croisés à Constantinople*, le dos de la femme blonde agenouillée à droite au premier plan, et pourquoi M. Paul Signac reconnaît en Delacroix l'ancêtre conscient et le premier législateur des théories artistiques les plus hardies.

Il a prouvé aux coloristes tous les avantages d'une technique savante, de combinaison et de logique, n'entravant en rien la passion du peintre, la fortifiant. Il leur a livré le secret des lois qui régissent la couleur : l'accord des semblables, l'analogie des contraires. Il leur démontre combien une coloration unie et plate est inférieure à la teinte produite par la vibration d'éléments divers combinés. Il leur assure les ressources du mélange optique permettant de créer des teintes nouvelles. Il leur conseille de bannir le plus possible les couleurs sombres, sales et ternes..... Il leur signale l'influence morale de la couleur venant contribuer à l'effet du tableau; il les initie au langage esthétique des teintes et des tons.

Il les incite à tout oser, à ne jamais craindre que leurs harmonies soient trop colorées. (1)

Tels sont les traits par lesquels Delacroix se montre l'un des précurseurs artistiques les plus clairvoyants. Ces traits furent signalés de son vivant par les Goncourt, par Baudelaire, par Charles Blanc, Ernest Chesneau, Théophile Sylvestre. Un demi-siècle devait s'écouler avant que l'opinion reconnût dans cette technique tout l'intérêt qu'elle comporte. C'est que l'opinion de 1900, qui voit de loin et de haut, perçoit des rapports et des enchaînements que ne saisissait pas l'opinion de 1840, celle-ci, placée trop près des faits, ne voyant dans les tentatives du maître que des expériences téméraires. C'est qu'il était bien permis de rester hésitant devant ces tentatives sans le secours d'un texte explicatif, car le journal de Delacroix n'avait rien d'un périodique. Surtout, c'est que la grande majorité des critiques, choqués par le choix du sujet, déconcertés par le tumulte de la composition, se rebellaient, en fin de compte, devant un style bizarre, froissant plus que tout le reste les conventions admises et les préjugés légitimes. Ici encore, Delacroix supportait la conséquence de son indiscipline naturelle, les risques de son rôle de créateur inapte aux détails, aux ménagements transitoires. Un Watteau, virtuose du style, tout aussi hardi et incomparablement plus expert, traitant une robe de soie aux reflets changeants, juxtapose dans les dessous les touches fragmentaires de tons complémentaires, puis, par un glacis synthétique, il concentre tout son travail de construction et en accroît l'éclat. Demandez-lui donc la science et la patience des glacis! En attendant que quelque élève avisé s'y emploie, entre le public et lui le malentendu s'affirme, et ses détracteurs trouvent prétexte à une injure de plus.

Ici s'arrête l'inventaire de l'héritage de Delacroix. S'il n'eût été que l'homme de son temps, sa part de gloire serait pourtant

------

(1) Ce paragraphe, à peu près en entier, est un résumé de l'ouvrage de M. Paul Signac, *D'Eugène Delacroix au néo-impressionnisme*.

assez belle, car, nourri des mêmes passions, placé dans les mêmes conditions d'excitation cérébrale que ses contemporains, il les dépasse cependant tous par le caractère constructif de son enthousiasme et par une extraordinaire faculté de concrétiser sur la toile l'ardeur de son inspiration. La puissance de son imagination créatrice, son aptitude à concevoir les ensembles, l'amènent à la notion classique de l'unité qui est la forme sensible de la continuité de la pensée. Parallèlement à cette conception qui n'est accessible qu'au génie, il crée un langage pictural aussi complexe que la mentalité romantique; il enrichit la palette française de l'acquis technique des Flamands et des Vénitiens; il réaccoutume les yeux au coloris de Rubens, de Véronèse, de Rembrandt, proscrits depuis cinquante ans. Enfin, devançant de très loin son époque, il reconnaît que l'élément nécessaire de la connaissance artistique réside dans la lumière, humanisée par l'atmosphère, absorbée et traduite par la couleur. Cette union de la lumière et de la couleur, il en étudie toutes les circonstances, s'efforçant de les saisir et de les fixer grâce à une notation scientifique calquée sur la méthode dont use la nature.

Or, parmi ses contemporains, le plus grand nombre élimina avant tout examen cette œuvre intellectuellement contaminée. Les autres reconnurent volontiers l'élévation de son talent, encore que leurs applaudissements allassent beaucoup plus au romantisme qu'à son porte-drapeau. Des peintres dénigrèrent sa couleur, la comparant à celle de maîtres dont ils n'auraient jamais soupçonné le mérite si Delacroix n'avait pris la peine de les leur faire connaître. Quant à la lumière, l'enveloppe aérienne, la décomposition optique des tonalités, ceux très rares qui comprirent les intentions de l'auteur les condamnèrent résolument. L'héritage du *de cujus* ayant été accepté sous bénéfice d'inventaire, tel fut le départ effectué par les héritiers. Les héritiers raisonnaient exactement au rebours de nous, rejetant de son œuvre toutes les parties vivaces et conservant celles qui nous

paraissent aujourd'hui périmées. Il eût suffi qu'un groupe de jeunes se mît sans arrière-pensée à l'école de Delacroix, complétât et affinât sa technique, élargît par l'étude de la réalité moderne la conception romantique du domaine « picturable », moyennant quoi l'art de peindre eût été en avance d'un demi-siècle. On sait qu'il n'en fut pas ainsi. David, très grand peintre, avait fondé et imposé à toute une génération des principes qui, militairement observés, démontrèrent à l'usage leur stérilité. Delacroix, précurseur de génie, découvrit la plus féconde des méthodes, et personne ne suivit son enseignement.

On a coutume de dire que la monarchie de Juillet « embourgeoisa » le romantisme. En réalité, tous les peintres romantiques, à l'exception de Delacroix, avaient depuis longtemps éprouvé l'impuissance de leur enthousiasme lorsque Louis-Philippe permit que la faillite imminente de leurs promesses fût convertie en une situation officielle et subventionnée. En haine du prince de Polignac et du comte Sosthène de La Rochefoucauld, qui étaient classiques, les trois Glorieuses furent proclamées victoire romantique. Delacroix reçut des commandes ministérielles : Thiers, son apologiste, entra au Conseil d'État; Victor Hugo au Luxembourg : « Victor Hugo est mort, écrivit un polémiste, il n'y a plus que M. le comte Hugo, pair du royaume. » L'Institut dut composer avec les « Jeune France » de la peinture, on transigea. Le ministère admit les sujets révolutionnaires, les nouveautés de la mise en scène et du groupement des figures; il toléra sur les palettes la série complète des couleurs du prisme. Mais la pâte, la touche, le beau expressif de Delacroix..... le balai ivre : *Non possumus*, déclara le commissaire du gouvernement. Ingres demeura le surintendant du dessin et du style.

Telles furent les bases de la nouvelle charte qui établit dans l'art français le régime du juste milieu. Grâce à ses dispositions, le catalogue des sujets picturables s'enrichit sensiblement. Le parti pris de noblesse habituel aux davidiens se compléta d'un répertoire de pitié, d'angoisse, d'amour. On épuisa toutes les scènes de l'histoire, celle de tous les pays et de tous les siècles antérieurs au XVIIe. La défroque classique s'adjoignit un étonnant bric-à-brac honoré du nom de couleur locale. En matière de composition, les peintres éprouvèrent des scrupules inconnus jusqu'alors. A partir de 1830, l'intérêt d'un tableau ne se concentre plus sur les quatre ou cinq personnages de premier plan alignés au bord du cadre, l'intérêt rayonne et se développe en profondeur; et comme l'intérêt est en raison directe de la lumière, qu'un acteur en vedette a droit à plus d'éclairage qu'un comparse, et que ce dernier est lui-même plus avantagé qu'un figurant, le premier plan sera traité en force, le fond tout à fait obscur et l'espace interposé entre ces deux régions occupé par une pénombre appropriée. Cette méthode de composition était trop logique pour n'être pas immédiatement adoptée, et Paul Delaroche y attacha sa réputation. Enfin, on étudia d'un peu plus près le ton local des objets. Certes, on n'exagéra rien, et on tomba d'accord avec Ingres que le reflet est indigne de la peinture d'histoire. Néanmoins, les scrupules de vraisemblance historique, la vogue des orientalistes et des peintres militaires, des néo-pompéiens imposèrent une étude un peu plus attentive de la couleur : on entendit Horace Vernet murmurer contre la qualité des bleus d'Ingres.

Voilà comment s'établit le nouveau gabarit artistique grâce auquel, un sujet étant donné, l'art de peindre devenait accessible aux plus primaires esprits, à condition qu'ils fussent doués d'un peu de mémoire et de bonne volonté. Voilà comment Paul Delaroche, représentant dans tous ses tableaux la mort de quelqu'un, peignant « avec de l'encre et du cirage », se persuada qu'il rivalisait avec Delacroix en expression dramatique; comment Horace Vernet, fils dégénéré de Gros et de Raffet, grand connaisseur d'uniformes, pour avoir groupé dans un cadre unique l'interminable chapelet de ses historiettes militaires, put se flatter d'être le peintre des scènes

héroïques et des vastes compositions; comment Bouchot avec son luxe de détails tragiques, Cognet avec ses artifices sans astuce, Schnetz impassible parmi les inondations, les brigandages et les assassinats d'Opéra-Comique; comment tous ces talents secondaires, malgré leur impuissance sentimentale et leur indigence de moyens expressifs, se crurent de bonne foi détenteurs de la quintessence artistique du siècle. Telle fut cette génération à qui la nature des choses réservait le rôle d'exécutrice testamentaire de Delacroix, qui devait apaiser sa fougue, épurer son acquis tumultueux, prolonger ses découvertes..... Et la suivante aggrava le malentendu. Par un rebroussement inattendu, les sujets retournèrent à l'antiquité, et on connut un style néo-pompéien, forme romantique de la grécomanie. D'ailleurs, le drame se fragmente en détails piquants, les peintres illustrent des anecdotes. Avec un peu de lecture, la connaissance sommaire des « ficelles » d'atelier, n'importe qui, lisant le titre d'un tableau de Gérôme ou de Couture, imaginera avec certitude la scène peinte.

Non pas que la médiocrité fût devenue obligatoire. Plusieurs vécurent à l'aise dans ce faux. Quelques-uns, réduisant considérablement la portée du sujet, utilisèrent assez heureusement les maigres ressources mises à leur disposition. Lamy et de Dreux employèrent les épaves romantiques à représenter les élégances de la vie mondaine, et ils y conquirent un succès qui dure encore. Isabey, traitant dans des cadres de trente centimètres les grandes « machines » historiques en faveur à l'atelier, mesurant la pâte, réduisant la touche, parvint à rappeler Delacroix tout en atténuant les risques de la comparaison. Sous le second Empire, deux peintres firent preuve, dans leur talent, d'un tempérament formé à bonne école. Si Delacroix n'eût existé, on peut douter que Delaunay eût imaginé certaines compositions en profondeur, certains horizons riches de lumière, et surtout l'atmosphère tragique de la *Peste de Rome*. S'il n'eût suivi l'enseignement de Delacroix, Baudry n'eût vraisemblablement pas pratiqué les Vénitiens, acquis le ton ambré des carnations, le rompu éclatant et profond des draperies pourpres, le large ciel au cirrus lumineux et toutes les habiletés par quoi nous plaît *la Fortune et le jeune enfant.* Il y eut quelques cas isolés de crise artistique précieuse. Ambition généreuse, certains esprits rêvèrent de concilier les styles antagonistes d'Ingres et de Delacroix. En fait, leurs œuvres se référèrent à l'enseignement de l'un ou de l'autre des deux maîtres : il y

eut juxtaposition, la combinaison était impossible. Flandrin, dans le profil de jeune fille de la salle des Etats, tenta timidement l'aventure. Ingres apprécierait la main droite qui tient le livre; Delacroix louerait la transparence du corsage de soie; du reste, il en connaît le modèle; c'est la chemise d'une des figurantes de l'*Entrée des Croisés à Constantinople.* Il louerait le modelé en pleine pâte de l'épaule, mais reprocherait peut-être au peintre, pour

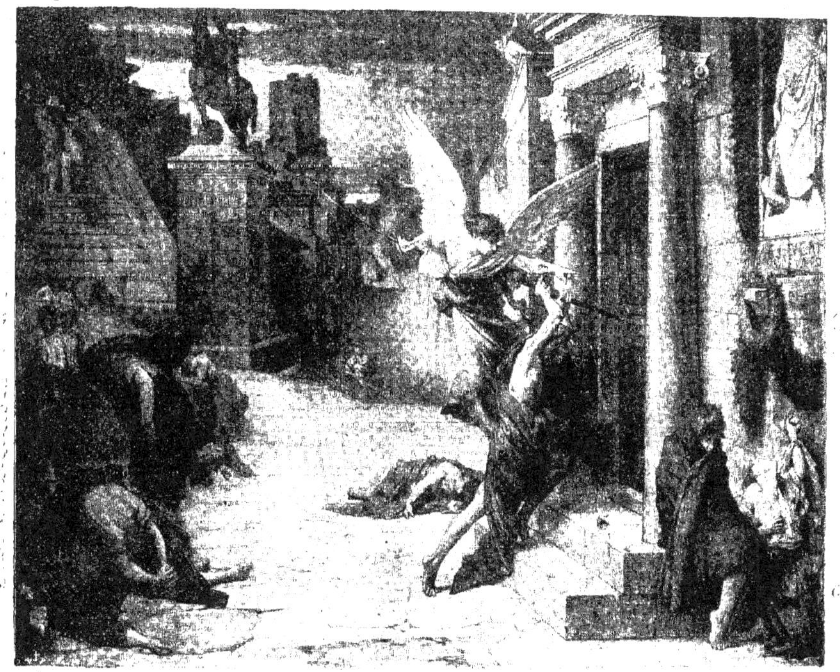

Delaunay : *La Peste à Rome.* (Musée du Luxembourg.)

avoir excessivement atténué la touche, de s'être un peu trop mêlé de devancer l'action du temps. Surtout dans la pénombre qui noie le visage, il ne verrait qu'un lavis fondu à la sépia au lieu d'une nappe de lumière décroissante. Avec Chassériau, l'effort fut plus suivi et plus obstiné; dans les peintures murales de la Cour des comptes, on retrouve le souci du dessin linéaire, la négligence des volumes et du mouvement, la synthèse antique des détails

réels appris à l'école d'Ingres. Dans le *Tépidarium,* si on ne rencontre ni la science analytique du coloris, ni l'unité subjective ni l'unité lumineuse de Delacroix, du moins l'enveloppe aérienne, le dessin établi par masses, l'éclat oriental, la fougue, la touche portent une indéniable marque d'origine. Et celle-ci apparaît plus sensible encore dans la *Défense des Gaules* du musée de Clermont-Ferrand. Rien n'est plus habile que le clair-obscur progressif où s'agite la colonne tumultueuse des guerriers barbares, aboutissant, face au spectateur, à un groupe éclatant traité en pleine lumière avec toute la justesse et la science technique des figures du *Tépidarium*, et, de plus, une vigueur et une spontanéité méritoires. Or, Chassériau transmit son idéal artistique à deux peintres très différents d'aspect et de mentalité, Gustave Moreau et Puvis de Chavannes. Malgré la surcharge de leur acquis adventice, malgré l'antinomie et la complexité de leurs préoccupations intellectuelles, tous deux se rattachent directement à la filiation romantique : le premier, dans sa poursuite du tragique, parvint au kabbalisme oriental ; le second, passionné d'archaïsme chrétien, se fixa aux siècles gallo-romains. Avec des objets aussi inconciliables, leur ferveur mystique était d'égale intensité. Ils ne parvinrent à l'exprimer qu'en s'assimilant à la fois l'hiératisme antique d'Ingres et la science technique de Delacroix. La diminution des tempéraments, le développement du sens critique rendaient réalisable cette conciliation que le caractère des maîtres rivaux, l'intransigeance des premières doctrines avaient pu faire croire impossible.

Il est quelques dévots qu'on ne saurait oublier ; ce sont les personnages du tableau de Fantin-Latour, l'*Hommage à Delacroix*. Bracquemont, Legros, Manet, Whistler, Duranty, de Balleroy, Baudelaire, Champfleury, Louis Cordier et l'auteur lui-même. Leur prosélytisme fut-il très efficace ? De lui à eux le plus solide lien fut peut-être la confraternité révolutionnaire. Affiliés plus ou moins étroitement au Salon des Refusés de 1863, ils se solidarisaient rétrospectivement avec l'outlaw de 1822, maltraité comme eux et pour les mêmes raisons. Que dire de Cordier et de Balleroy ? Legros et Bracquemont, beaucoup plus notables, furent aussi coloristes que graveurs au monde. Champfleury et Baudelaire éprouvaient pour Delacroix un peu des sentiments que Mme de Sévigné portait à Corneille. Manet et Whistler paraissent aux antipodes du grand romantique. Oui, mais il y a Fantin, qui fut son disciple et son fils spirituel, qui,

seul en France et de sa génération, sut comprendre et utiliser l'héritage de Delacroix, Fantin qui, par son exemple, fournit à cette étude la ratification de la réalité. Romantique, il le fut, et de bonne race, formé à l'école de Titien et de Véronèse ; mais il le fut comme on pouvait l'être trente ans après les trois Glorieuses.

Très dépourvu du tempérament de son maître, il prit l'art de peindre au point de progrès où celui-ci l'avait mené ; le développement technique devint l'élément déterminant de son évolution. Peu à peu, son œuvre s'allège de sujet, toute préoccupation dramatique s'évanouit, il peint pour la seule beauté des couleurs et des formes. Il a découvert une certaine manière de poser la touche, avec le dos du couteau, qui donne au ton une vibration lumineuse, veloute les bleus, fait éclater les rouges. Vienne le triomphe de la division du ton, de l'ambiance aérienne, c'est à quoi répond parfaitement cette facture. Sans le secours du brutal procédé impressionniste, sans subir l'évaporation chlorotique des plein-airistes, son coloris vibre et chante, les verts, les bleus, le nacré des chairs ; la lumière jouant dans l'atmosphère baigne le vide, caresse les objets. Pour avoir fait passer dans la pratique habituelle cet emploi des ressources lumineuses et colorées, il réalisait toutes les prévisions de Delacroix ; le romantisme se liait à l'art moderne sans avoir subi la déformation de l'enseignement officiel ni risqué la fortune des révolutions.

Deux peintres contemporains de Fantin-Latour pouvaient seconder son mouvement, c'étaient Diaz et Monticelli. Diaz apparut vers 1840 « comme un petit peintre de génie naturel, de tempérament et de caprice, jouant avec les féeries du soleil, doué du sentiment de la chair, et né, semblait-il, pour retrouver le Corrège dans une Orientale d'Hugo. Mais sa peinture était une peinture indifférente, elle ne parlait à la passion de personne. Toute âme lui manquait pour toucher et retenir à elle autre chose que les yeux ». Cet éloge et cette restriction sont des Goncourt. Que Diaz ait manqué d'éloquence, le fait est, certes, regrettable ; sachons-lui gré d'avoir été bon peintre. Mais les Goncourt n'exagèrent-ils pas la spontanéité de son talent ? A-t-il inventé ses tons beurrés et ses touches fondues ? N'a-t-il pas essayé, du reste sans grande habileté, de ouater la dureté de la touche romantique ? Et ce bleu, celui-là fort réussi, qui s'enfonce et déploie le ciel derrière les personnages, est-il une expression naturelle ? Ces enveloppes perlées (*les deux rivales*) font penser à Prudhon et annoncent Henner. Le grouillement lumineux, la pâte nette des *Bohémiens* et des *Nymphes sous bois*, c'est le style auquel aspirait Isabey, c'est l'héritage de Delacroix et le prélude de Monticelli. Celui-là, être bizarre, sorte de demi-conscient, semble créer la couleur et la lumière par fonction naturelle ; la palette de Delacroix était un bouquet de fleurs, la sienne est un écrin de pierreries. Dans ses tableaux, le sujet a complètement disparu et le sens du concret fait parfois défaut ; tous les éléments sont groupés par rapport à un ton dominant comme un thème musical, et, suivant le mot de l'artiste, « la lumière, c'est le ténor, les objets sont le décor, les touches sont les gammes ». Il fait parfois songer à Watteau ; si on veut lui trouver un pendant littéraire, il est à Verlaine ce que Delacroix est à Hugo.

Mais tous ces artistes sont des isolés : Monticelli, inconnu ; Diaz, méprisé ; Fantin-Latour, solitaire assez dédaigneux ; Chassériau, mort avant la quarantaine. Ils n'avaient rien d'un groupe attaché à la consécration d'une tradition, à la fondation d'une doctrine. Le centre artistique représentatif de la mentalité générale, c'est l'atelier officiel contrôlé par l'Institut, où l'on peint l'histoire, grande ou menue, devenue à la longue aussi fastidieuse que les anecdotes édifiantes de Plutarque. Les fanfaronnades de Courbet et cette provocante affirmation que les motifs vulgaires comportent autant de beauté que

les sujets nobles, ce cabotinisme de sans-culotte n'avança rien. C'était encore une insurrection littéraire, à peine intellectuelle ; et, du reste, si Courbet eût fait une école, l'académisme aurait capté et canalisé le réalisme avec beaucoup moins d'efforts qu'il n'avait fait le romantisme. Mais Courbet ne fut pas suivi et la stagnation demeura générale. Vraiment, n'était l'influence des paysagistes, n'était l'incomparable et méconnu Millet, quelques irréguliers méritants, il n'y aurait rien de changé à la peinture française du xixᵉ siècle si les peintres officiels de la monarchie de Juillet et du second Empire n'eussent jamais existé.

Le plus clair bénéfice de l'équipée réaliste fut de révéler aux indociles la cause exacte de leur mécontentement. Avec Manet, le conflit s'établit dans sa vraie position. Plus de sujet, de littérature, d'histoire, le point de vue de l'artiste devient purement objectif : son but, c'est la poursuite de la lumière à travers les couleurs, et, dans cette poursuite, le génie, le talent ou la médiocrité se donneront carrière. Cette fois, la vérité féconde était prononcée. Mais comme elle ne se présentait point sous le patronage de la haute pensée d'un Delacroix, comme ses initiateurs s'appliquèrent avec succès à froisser et scandaliser la commune opinion, la renaissance de la couleur et de la lumière marcha avec tous les à-coups d'une révolution.

Ainsi les Français avaient laissé passer sans les voir toutes les occasions propices de corriger leur tempérament artistique peu apte à saisir les sensations directes du monde extérieur ; sous la Renaissance, ils avaient perdu la leçon des Vénitiens, des Flamands et des Hollandais ; plus tard, celle de Watteau, enfin celle de Delacroix. A la fin du xixᵉ siècle, ils abordaient de front, balayant l'acquis intellectuel séculaire et les préjugés légitimes, cette étude à laquelle jusqu'alors ils étaient demeurés rebelles.

V. LES CONDITIONS DU CLASSICISME

DANS LA PEINTURE CONTEMPORAINE

Es doléances patriotiques sur le désarroi où s'épuise la peinture française contemporaine constituent l'un des lieux communs les plus en faveur chez certains chroniqueurs, esthètes et politiciens. Ils dénoncent la cacophonie des Salons annuels, la frénésie des étalages de la rue Laffitte contrastant avec le concert harmonieux des œuvres de musées exposées aux galeries du xviie et du xviiie siècle. Conclusion : éloge de la discipline, évocation des grands noms de Lebrun et de David, et développement dogmatique sur les bienfaits de l'autorité.

Le premier et le principal défaut de ces gémissements, c'est leur inutilité. Le second, c'est qu'ils procèdent d'un examen un peu superficiel des faits incriminés. Prendre les Salons de printemps ou d'automne pour l'expression autorisée de la vie artistique contemporaine est une idée aussi baroque que de chercher dans le baccalauréat la mesure de la culture scientifique et littéraire de nos concitoyens. Et quant aux toiles étalées aux environs du boulevard, nous savons à quel prix les achète l'Amérique, mais nous ignorons tout à fait si la postérité en retiendra quelqu'une.

Enfin, qu'est-ce que cette critique qui cite les peintres à son tribunal comme des accusés de droit commun et juge les bons et les mauvais d'après les textes d'on ne sait quel code? Il est pourtant assez généralement reconnu que, depuis qu'il y a des hommes et qui pratiquent la peinture, le point de vue du beau s'est déplacé beaucoup plus que celui du vrai et du bien. Il est impossible d'apprécier la situation actuelle sans tenir compte des états antérieurs dont elle est la résultante nécessaire ni des états à

venir dont elle porte en soi les germes. Et si, au lieu de diriger sur la production journalière un coup d'œil immédiat et global, on se reporte à cinquante années en arrière, si l'on parvient par la continuité de son observation jusqu'au seuil du xxe siècle, on sentira naître un jugement moins sommaire et moins pessimiste que celui prononcé plus haut. Oui, la Révolution a sévi en France, et la révolution artistique fut l'un des aspects de la grande mutation qui s'opéra dans les méthodes intellectuelles à la même époque. Elle fut violente, destructrice et féconde. Mais elle est éteinte et se classe dans le recul de l'histoire. La génération contemporaine s'emploie à utiliser, à adapter les débris et reliefs abandonnés par le reflux de l'insurrection. Et ce phénomène d'assagissement s'est produit sans intervention extérieure, sans coup d'État....., simplement par un retour spontané du sens traditionnel de la mesure, qui sut remettre au point le jacobinisme artistique, tout en assimilant l'acquis profitable de ses recherches techniques.

Au total, grâce aux violences impressionnistes et aux incertitudes plein-airistes, les Français ont conquis la connaissance artistique et réfléchie de la couleur et de la lumière dont ils étaient jusqu'alors singulièrement dépourvus. Du même coup, ils ont créé un style procédant de la pratique instinctive des coloristes-nés de tous les temps. En sorte que, riche de tout l'acquis séculaire et en même temps libéré des entraves de la convention, maître d'un domaine nouveau d'inspiration pour lequel il est armé de méthodes nouvelles d'expression, le peintre contemporain peut établir une œuvre d'art équilibrée dans tous ses éléments, une œuvre d'un exact et moderne classicisme. La vie artistique a fréquemment réalisé cette conjecture.

Les procédés conventionnels transmis par les pratiques d'ateliers ont, de nos jours, perdu toute valeur éducative. L'enseignement actuel procède d'une double origine : la première, c'est l'action immanente et impondérable exercée par l'acquis traditionnel français; la deuxième, une orientation intellectuelle des arts plastiques née au dernier tiers du second Empire et qui, en

fait, est l'aspect artistique du grand mouvement réaliste et scientifique de la fin du XIXe siècle. Dès 1863, le « Salon des Refusés » fournit une occasion à la manifestation violente de cette mentalité nouvelle. A cette date, Couture, Meissonier, Hébert, Cabanel, Gérôme, Baudry, Delaunay, auréolés d'honneurs officiels, pontifiaient aux expositions subventionnées. Bouguereau, Bonnat, Carolus Duran affirmaient par des débuts riches de promesses la prospérité de la culture acadé-

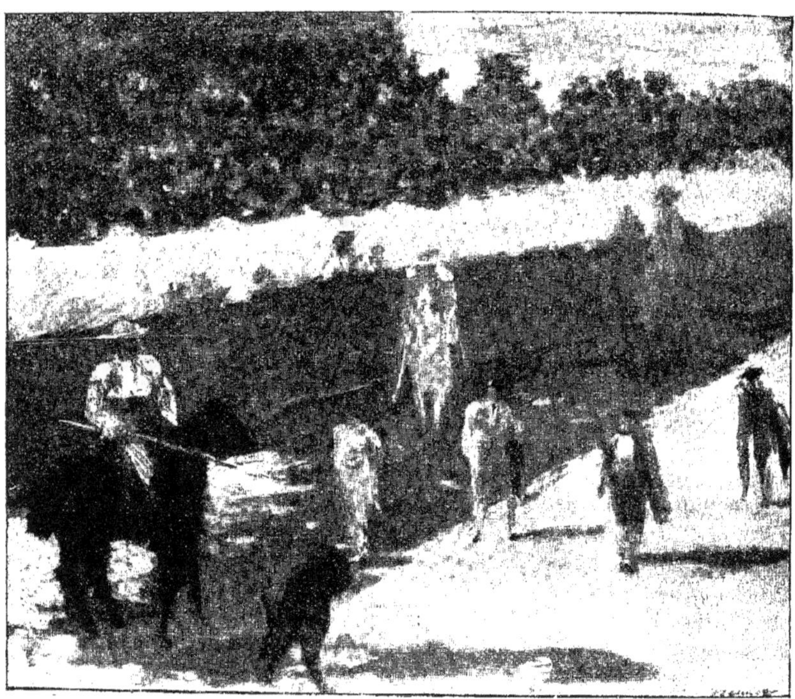

EDOUARD MANET : *Combat de taureaux.*

mique. Or, quelques indociles, maltraités par les jurys, résolurent de faire honneur au libéralisme artistique de Napoléon III et acceptèrent l'invitation du gouvernement qui leur offrait de constituer un Salon rival du Salon officiel. L'ensemble fut assez bigarré; si l'on put tout à loisir contempler nombre de talents équivoques, du moins, par compensation, l'intérêt s'attacha immédiatement aux toiles de Fantin-Latour, de Legros, de Bracquemont, d'Harpignies, de Cazin, de

Jongkind, de J.-P. Laurens, de Manet, de Degas, de Whistler, de Pissarro, de Vollon. Que tous ces artistes aient pu, à une époque donnée, mériter l'épithète de révolutionnaires, voilà de quoi donner une utile leçon de relativité. Mais il y a plus : révolutionnaires, soit! mais révolutionnaires féconds : car ces initiateurs de principes séditieux ont agi sur l'esprit artistique de leur siècle à telles enseignes que pas un peintre moderne — sans en excepter les membres de l'Institut

— ne pourrait renier sa filiation avec le Salon des refusés de 1863. Là ont paru les rénovateurs de la palette, les peintres du plein air, les analystes de la couleur, les porte-drapeau de l'impressionnisme et du plein-airisme, dénigrés ou acclamés, parfois embryons de génie ou ratés supérieurs, mais, à tout prendre, « nécessaires » à l'évolution générale comme des faits historiques, nécessaires au point qu'il est impossible de concevoir quel pourrait être l'aspect de l'art contemporain si ces hommes n'eussent point existé !

Exalté ou conspué comme réaliste et immoral, Manet, artiste d'imagination assez pauvre, de goût incertain, de culture intellectuelle médiocre, rendit cependant à l'art pictural français un double et signalé service. Le premier fut plus un résultat acquis qu'un but directement poursuivi : l'auteur d'*Olympia* débarrassa définitivement la peinture du siècle de l'obsession littéraire et historique qui la paralysait. Personne, au début, n'y prit garde, et Manet semble même s'en être assez peu soucié, car s'il déplaçait l'intérêt du tableau, c'était moins pour l'enlever au sujet que pour le reporter sur la couleur. C'est la couleur, en effet, qui fut l'objet de ses plus fructueuses recherches. L'étude rarement pratiquée, à l'époque, de Goya, de Greco, de Franz Hals, lui fit connaître une palette nouvelle faite d'ocre, de blanc, de terre de Sienne, toute la gamme des gris, toute la gamme des bruns, toutes les nuances du blanc. La découverte était féconde : à la suite du romantisme, les peintres français avaient adopté la palette somptueuse des artistes vénitiens ; l'Espagne

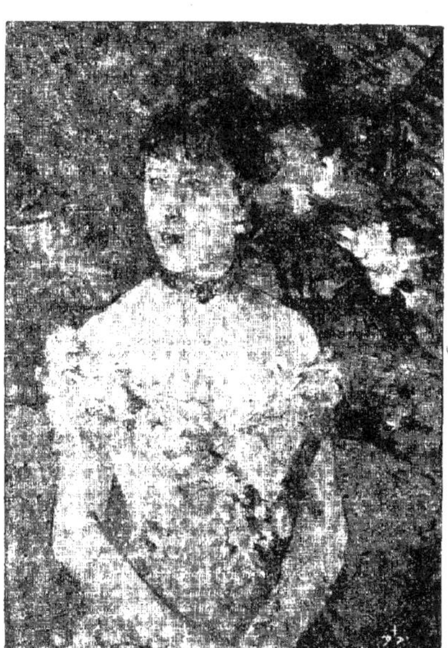

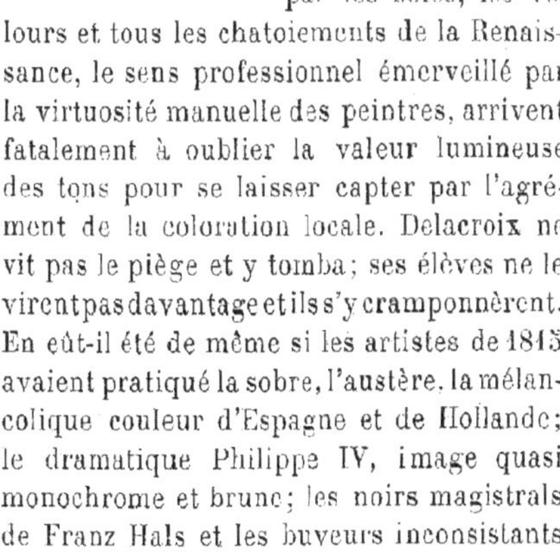

Phot. B. P.

BERTHE MORIZOT : *Au bal.*
(Musée du Luxembourg.)

et quelques néerlandais négligés venaient, grâce à Manet, compléter la galerie d'étude fondée par Delacroix. Or, il se rencontra que ces tons habituels aux maîtres hollandais ou espagnols étaient précisément ceux du vestiaire contemporain, les couleurs mêmes de la démocratie au xixe siècle. Parrainage inattendu au réalisme artistique ! C'était par les conditions techniques de la peinture, par la tradition retrouvée que se légitimait le point de vue nouveau, et non par l'éloquence bouffonne et révolutionnaire d'un Courbet. Toute littérature sociale mise à part, on imagine aisément la conversion subie par un élève de Delacroix abandonnant Titien et Rubens pour se mettre à l'école de Rembrandt et de Velasquez ; mais ce renoncement apparent, ce vœu d'austérité, comporte une merveilleuse compensation. Rien ne fut plus dangereux pour l'éducation artistique des jeunes peintres du milieu du xixe siècle que cette étude quasi exclusive des maîtres de Venise et d'Anvers. L'œil amusé, distrait, ébloui par les soies, les velours et tous les chatoiements de la Renaissance, le sens professionnel émerveillé par la virtuosité manuelle des peintres, arrivent fatalement à oublier la valeur lumineuse des tons pour se laisser capter par l'agrément de la coloration locale. Delacroix ne vit pas le piège et y tomba ; ses élèves ne le virent pas davantage et ils s'y cramponnèrent. En eût-il été de même si les artistes de 1845 avaient pratiqué la sobre, l'austère, la mélancolique couleur d'Espagne et de Hollande ; le dramatique Philippe IV, image quasi monochrome et brune ; les noirs magistraux de Franz Hals et les buveurs inconsistants de Téniers? En présence de la pauvreté du principe colorant contrastant avec l'harmonie puissante et délicate de l'ensemble, ils eussent été forcés de constater que la valeur réciproque des tons se mesure non pas à la richesse de leur matière colorante mais à la lumière contenue en chacun d'eux. Et au spectacle de ces tons humbles exaltés par la grâce de la lumière, ils eussent joui en toute compréhension de la délicate et rare volupté dégagée par l'accord exact des gris, ocres et blancs, d'éclat d'abord assourdi et mesuré comme celui d'une gemme voilée, puis, progressivement, s'imposant comme le rayonnement même du soleil. Dans les pénombres pâlissantes et lumineuses du discret Téniers ou du philosophe Rembrandt, ils auraient vu toute nuance peu à peu s'évanouir, et, après la disparition totale de l'élément couleur, l'œuvre se maintenir cependant, et se prolonger grâce à ce facteur quasi abstrait et pourtant réel : la valeur lumineuse réciproque des objets du monde sensible..... Et comme en France tout raisonnement s'érige en théorie et toute théorie en paradoxe, nos artistes hypothétiques de 1815 eussent conclu vraisemblablement que, ce principe incolore étant l'âme même du tableau, le mérite d'une œuvre peinte varie en raison inverse de l'objectivité du ton local et en raison directe de l'expression de la lumière.

Ces constatations et ces aphorismes ignorés à l'époque romantique furent, à l'occasion des tableaux de Manet, formulés avec toutes leurs conséquences..... y compris le paradoxe final.

Autre observation : le peintre fidèle à l'enseignement académique, reproduisant sur sa toile les tons placés sous ses yeux dans l'atmosphère et la lumière, les enchaîne et les associe, grâce à une sorte de ton moyen, intermédiaire de convenance, comparable à certaines locutions grandiloquentes et vides que les rhéteurs intercalent entre les paragraphes de leur développement. Le

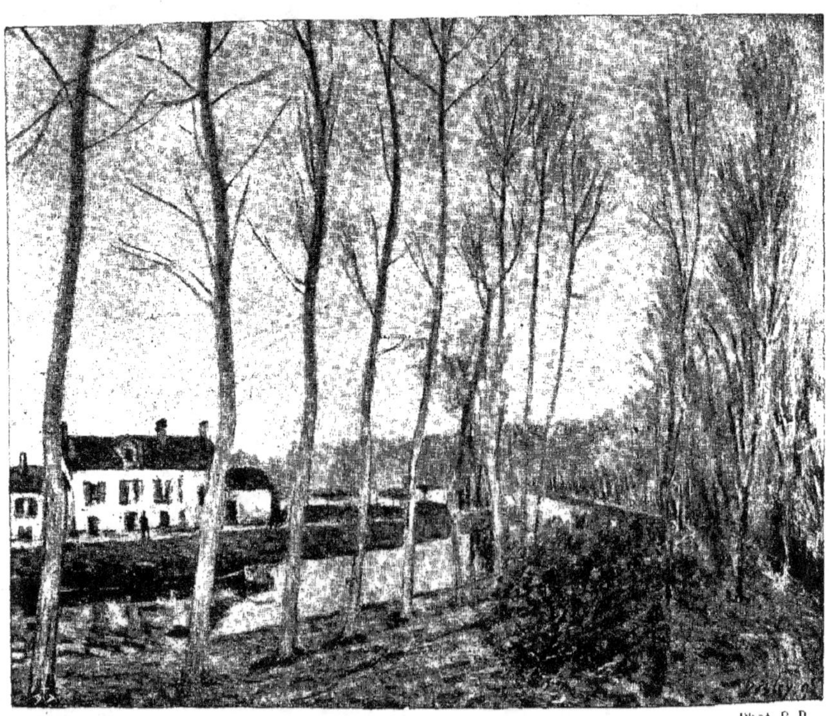

Phot. B. P.

Sisley : *Le Canal du Loing*. (Musée du Luxembourg.)

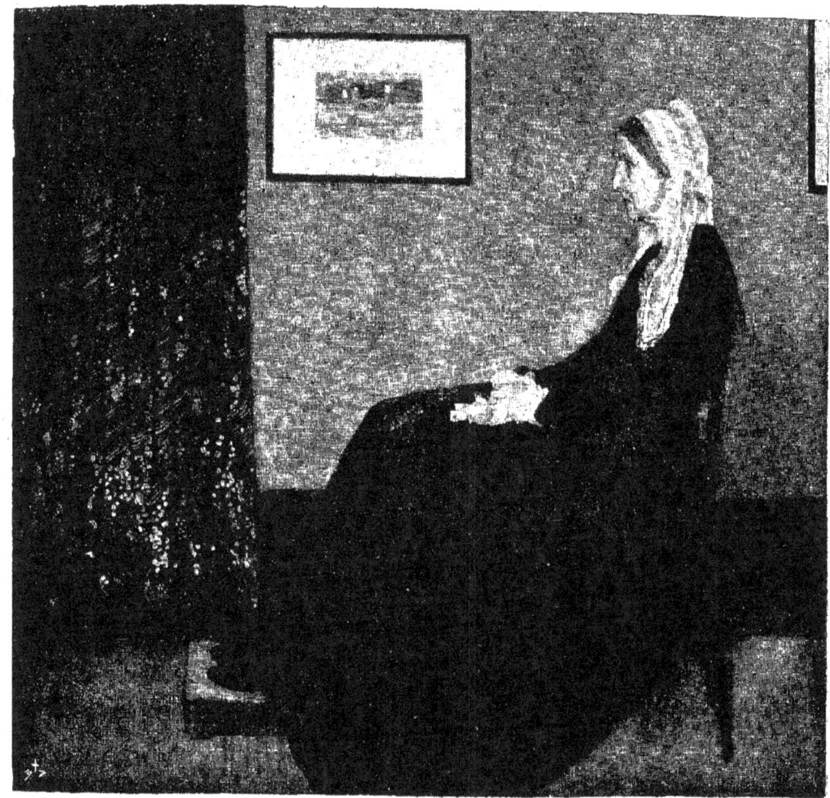

Phot. B. P.

WHISTLER : *Portrait de la mère de l'artiste.* (Musée du Luxembourg.)

peintre, en procédant ainsi, fausse la nature et lui fait injure : elle est beaucoup plus subtile et plus logique que lui. Il semble craindre que la nature *faciat saltus.* Or, la lumière assure les transitions entre les tons divers, et c'est l'aptitude de ces tons à l'absorber ou à la refléter qui les apparente ou les éloigne. La qualité des tons et la quantité de lumière, tels sont les éléments de la composition ; l'esprit des hommes n'a rien à y ajouter de soi-même.

Ces idées rapprochèrent de Manet un groupe d'artistes, dits « impressionnistes », qui étudiaient comme lui la couleur dans le plein-air. Frottés de notions scientifiques, ils pensèrent trouver dans la théorie physique du spectre solaire le moyen de reconstituer sur la toile l'éclat des couleurs baignées dans la lumière. La nature n'a créé que trois couleurs : le bleu, le rouge, le jaune ; c'est l'œil humain qui suggère une réalité subjective aux mille combinaisons succédanées. Agissons comme la nature ; exprimons sur la toile toutes les tonalités par la juxtaposition des tons purs qui les composent : l'œil du spectateur en opérera la synthèse par réflexe inconscient, comme il fait devant la nature. Ainsi Claude Monet, Sisley, Pissarro, Renoir, s'efforçaient de fixer les moments fugitifs du plus lumineux éclat des couleurs, et ils y réussissaient fréquemment.

Partant d'un point de vue tout proche, certains peintres, après avoir étudié de près les aubes argentées de Corot, les crépuscules diaprés et religieux chers à Cazin, risquaient cette conclusion :

Notre œil, lorsqu'il examine le contour apparent des objets placés devant nous, leur forme, suivant l'expression vulgaire, est, quatre-vingt-dix-neuf fois sur cent, dupe de notre esprit. Parce que nous savons que ceci est une maison, un arbre, une figure humaine, nous croyons sincèrement voir nettement les traits distinctifs d'une maison, d'un arbre ou d'un homme. Mais, en réalité, si nous pouvions développer sur papier l'image enregistrée par notre œil, elle différerait profondément de l'idée sug-

gérée par notre cerveau, parce que l'atmosphère interposée entre l'œil et l'objet tamise la lumière, dilue la couleur, dissocie les formes.

Et après les études par temps gris de Lépine, de Boudin, de Jongkind, Bastien-Lepage s'appliquait à rendre la vibration de l'air au ras du sol, par les midis d'été; Roll disposait des figures aux carnations

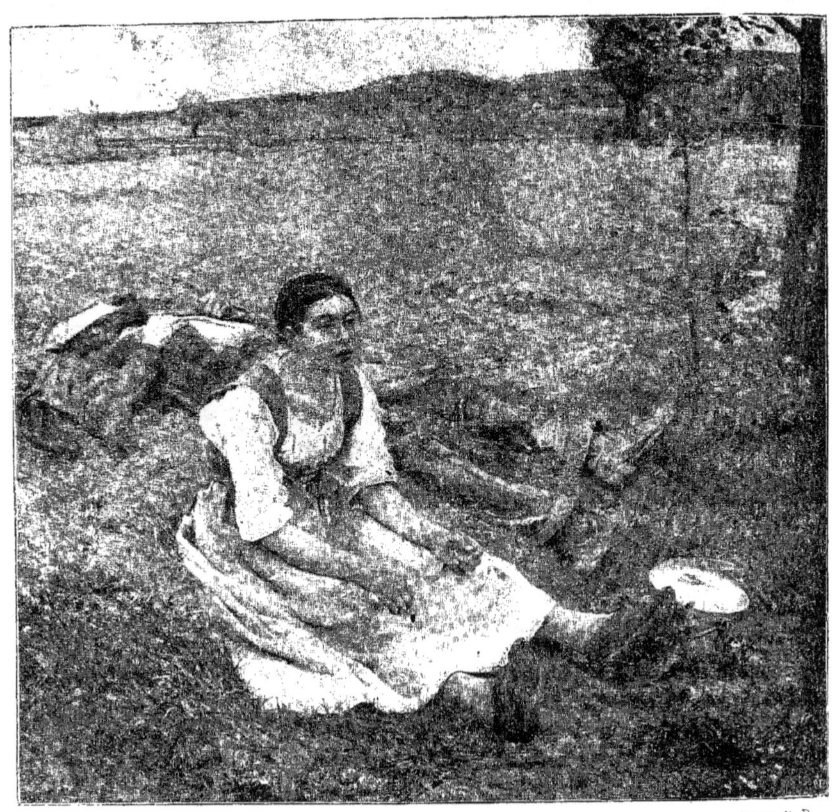

BASTIEN-LEPAGE : *Les Foins.* (Musée du Luxembourg.)

d'ivoire mouillé dans les vergers normands embués de brouillard matinal.

Or, fondées ou vaines, ces théories s'accordaient merveilleusement à la mentalité philosophique en faveur à l'époque. Relativité de la couleur, relativité de la forme, n'était-ce pas un aspect nouveau de l'ample question de la relativité du monde extérieur? Et voilà rallumée la querelle des nomina-

listes et des réalistes. Impressionnisme et plein-airisme bénéficièrent du prestige scientifique attaché à la théorie générale, mais le problème artistique manifesta pour son compte avec éclat le danger du système d'ensemble. Une théorie esthétique n'ayant de valeur que par son application, on imagine aisément un tableau dont l'auteur aura pratiqué avec rigueur le dogme de la relati-

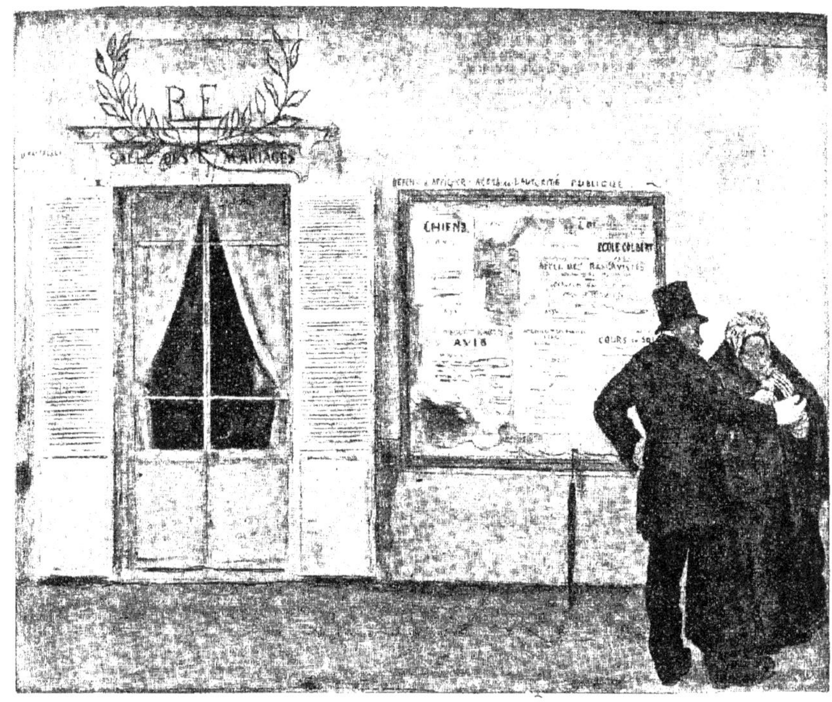

Phot. B. P.

RAFFAELLI : *Attendant la noce.* (Musée du Luxembourg.)

vité de la couleur et de la forme : l'impressionnisme et le plein-airisme, pour s'imposer à la faveur publique, devaient rencontrer des metteurs en œuvre d'un goût très averti et d'une expérience technique consommée; faute de quoi, place aux fauves! Esthètes et artistes poussèrent le paradoxe jusqu'à l'absurde, inclusivement! Sous prétexte de plein air, des peintres représentèrent un monde de fantômes abîmés dans la chlorose; sous prétexte de division scientifique des tons, des aventuriers inexpérimentés risquèrent des mosaïques dignes d'enfants mal doués. En même temps, la critique d'avant-garde saluait bruyamment chaque manifestation de la méthode nouvelle, plus soucieuse d'une proclamation de principes que du plaisir des yeux. Ajoutez que des amateurs maniaques, des marchands avisés et préparant la hausse séquestraient soigneusement Manet, Monet, Whistler, Sisley, Degas, et ne se montraient pas mécontents du scandale occasionné par le jacobinisme des derniers-nés impression-

nistes. Ajoutez aussi que l'intransigeance réactionnaire, l'immobilisme artistique de Bouguereau, de Gérôme, de MM. Bonnat et Carolus-Duran, ne contribuait pas peu au succès de la révolution.

Cependant la génération qui atteignit vers 1889 l'âge où le jugement se fonde n'exprimait aucune passion pour les iconoclastes systématiques de la dernière heure; elle examinait d'un œil critique l'œuvre des fondateurs de 1860 et répugnait à l'enthousiasme global des esthètes lyriques. Bénéficiant d'une perspective allongée de quelques années, elle voyait s'encadrer tels événements tenus en leur temps pour insolites, dans des alignements de traditions insensibles à l'époque. Les révolutionnaires leur apparaissaient sous l'aspect de continuateurs inconscients du passé beaucoup plus que comme des créateurs d'initiative et de formes d'art nouvelles. N'ayant point vécu dans la mêlée chaotique de la période d'assaut, ils cherchaient la raison de ces coalitions hétéroclites entre des tempéraments comme Degas, direct héritier de Watteau, Manet et Whistler provenant des antipodes artistiques. Le cas historique de Manet les arrêta longuement : cet insurgé leur semblait un romantique d'arrière-garde, continuateur direct, quoique éloigné, de Delacroix, dont il avait, sans trop s'en rendre compte, achevé quelques découvertes techniques, élargi le cercle d'inspiration....., et ils constataient philosophiquement que, tandis que le premier, avec tout son génie et sa haute culture intellectuelle, était resté un isolé et un incompris, le second, avec toutes ses imperfections, demeurait l'élément le plus actif du progrès artistique moderne. Il s'épurait en se survivant. Berthe Morizot utilisait ses originalités avec une finesse de goût que le fondateur n'avait pas connue.

La jeunesse de 89 ne ménagea pas ses applaudissements aux hardiesses impressionnistes. Spontanément les chevalets se

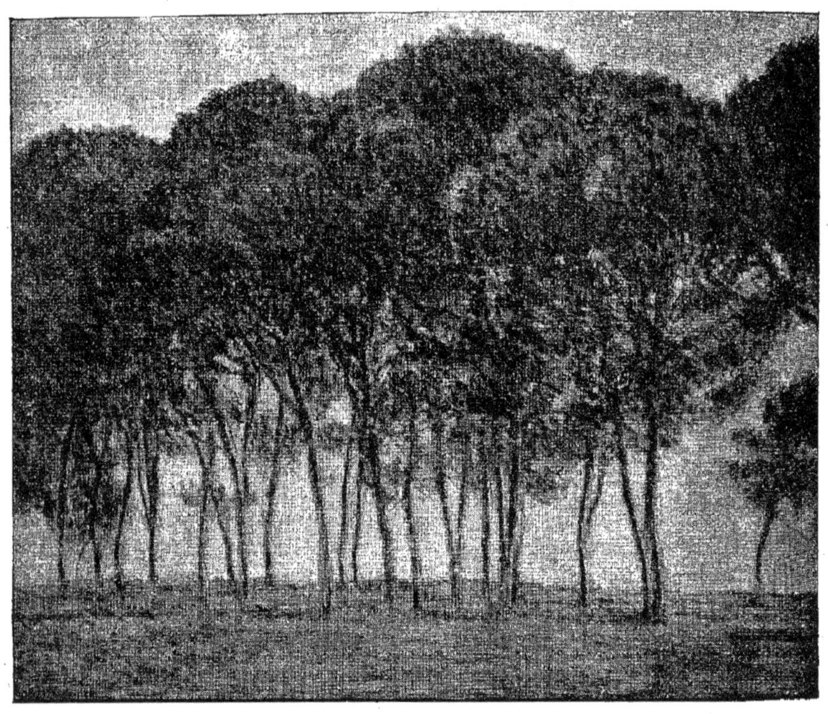

CLAUDE MONET : Les Pins parasols.

dressèrent aux coins de Vetheuil et de Moret, illustrés par Monet et Sisley ; le groupement d'école s'opéra par élection naturelle. Mais l'éloignement fut manifeste à l'égard des artistes à principes scientifiques ; et devant les proclamations animées d'esprit géométrique des prophètes de l'art nouveau, la jeunesse de 89 se rebella tout net.

Il est incontestable que les conditions d'atmosphère et d'éclairage modifient considérablement l'aspect sous lequel le monde extérieur se présente à nos yeux ; mais, en dépit de ces modifications, le monde extérieur conserve sa personnalité matérielle — du moins la convention universelle l'admet ainsi, — et ce degré de réalité est très suffisant pour un peintre. Donc, persistance du ton et des formes locales. Quant à la décomposition des couleurs par touches juxtaposées pratiquée comme méthode générale, elle a révélé dans la majorité des circonstances son impuissance à exprimer la variété de la lumière. Elle n'est propre qu'à rendre l'éclat d'un soleil intense frappant un plan uniforme; ni les pénombres de lumière décroissante, ni le modelé des surfaces, ni l'échelonnement des valeurs ne s'adaptent au procédé divisionniste. Quant à cette prétention de recomposer la lumière blanche avec des taches multicolores, elle sera justifiée le jour où les jurys de peinture seront remplacés par une assemblée de prismes; et quant à la prétention parallèle de nous obliger à faire un départ entre la perception de l'œil et l'opération du cerveau, nous l'admettrons quand ces mêmes jurys se verront substituer des objectifs photographiques. Il nous paraît vain, et du reste invraisemblable, de vouloir transformer en instrument d'observation scientifique l'œil, organe humain de la connaissance artistique. Souffrez que nous prenions notre parti d'être hommes, créatures complexes, modelées par les actions et réactions réciproques de la nature et de nous-mêmes, résultat des impressions accumulées depuis des siècles qu'il y a des hommes et qui pensent. Nous prétendons exprimer le monde extérieur en fonction de nous-mêmes. Vous maniez les couleurs comme les historiens modernes manœuvrent leurs fiches, et avec les mêmes prétentions scientifiques. Vous sombrerez comme eux dans le mécanisme, dans l'automatisme.

À vrai dire, tout ceci faisait peu de bruit dans les revues artistiques, car la nouvelle génération avait moins que la précédente le goût de l'éloquence verbale ou écrite. Mais soudain, avec un éclat de *Dante aux enfers*, le triptyque de Cottet, *Au pays de la mer*, s'imposa à l'attention. C'était bien la manifestation contre-révolutionnaire! Une nette et brutale objectivité des figures et des formes; un sujet précis, non pas littéraire, mais humain, émouvant, sans intention morale apparente, surtout sans affectation d'impassibilité et de détachement, car l'émotion de l'auteur animait véritablement l'œuvre..... Et tous ces traits étaient évidemment désagréables aux pontifes de l'art scientifique.

Cependant les techniciens avisés remarquaient que cette émotion, ce charme, cette vigueur fruste n'étaient point le fait des

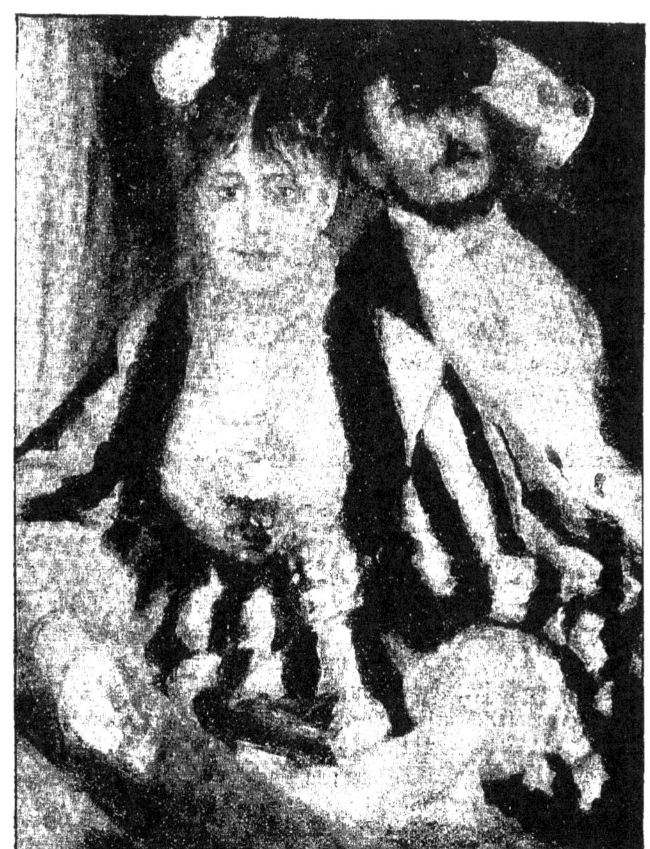

RENOIR : *La Loge*. (Musée du Luxembourg.)

accessoires romantiques et des tons lugubres en usage aux Académies; ils résultaient d'un fait pictural, le jeu lumineux d'une lampe dans l'air étouffé d'une salle basse, de la pénombre progressive baignant la délicatesse blonde des filles et les durs méplats des visages des pêcheurs; c'était l'air de mer dans la nuit pluvieuse, alourdissant les formes, hiératisant les attitudes..... Le triptyque de Cottet, c'était deux plein-air, la nuit, et un intérieur breton. Or, plein-air, lumière diffuse en une pièce close, c'était de l'acquis récent : cette émotion résultant de l'accord inconscient des êtres avec les choses, accord inconscient dans la nature, mais discerné par l'œil du peintre et humanisé par la lumière, tout cela, le jeune artiste ne l'avait pas appris aux ateliers officiels : c'était l'heureux effet de l'union dans une tête bien faite, entre

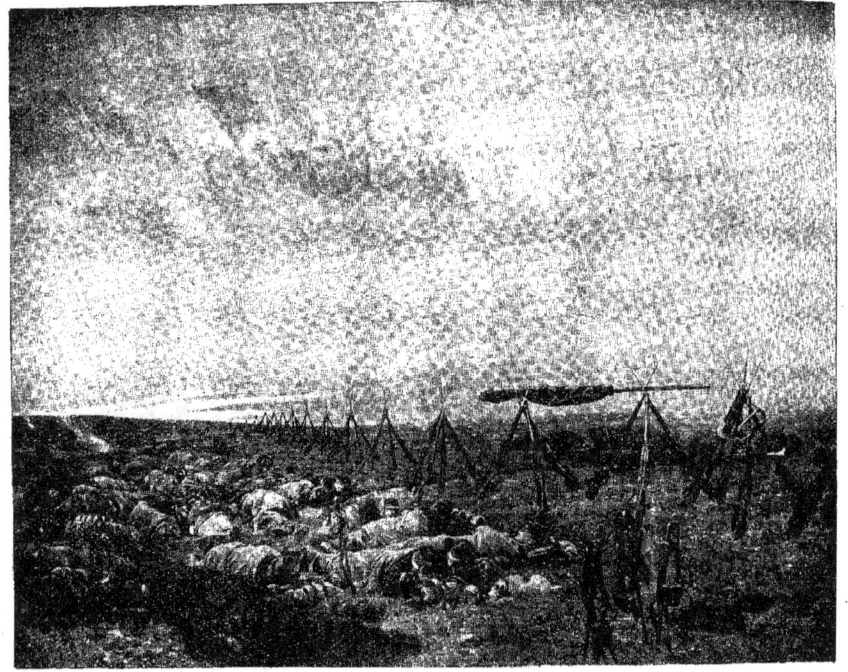

Phot. B. P.

Detaille : *Le Rêve.* (Musée du Luxembourg.)

l'antique humanisme français et les innovations de palette les plus modernes ; c'était la forme ultime du classicisme.

Le triomphe de *Au pays de la mer* amena au grand jour de la notoriété tout un groupe de même mentalité artistique que Cottet, l'école bretonne, les nommait-on à cause du choix habituel de leurs modèles; la bande noire, proféraient les impressionnistes adorateurs du soleil. La plupart étaient paysagistes. Dauchez, s'appliquant à exprimer le rapport de trois éléments, air, couleur, lumière, rendait sensible le vide des landes bretonnes balayées par le vent, porteur de pluie, et la mélancolie des grands horizons abaissés, assombris par la fumée des feux de goémon. Simon exprimait la piété recueillie sur des visages frustes et solides de paysans bretons processionnant dans le grand air limpide des grèves. Et cela parut un étonnant paradoxe, que le réalisme pût contribuer à l'édification religieuse. René Ménard, poète du groupe, imprégné du mysticisme païen de son oncle, le poète

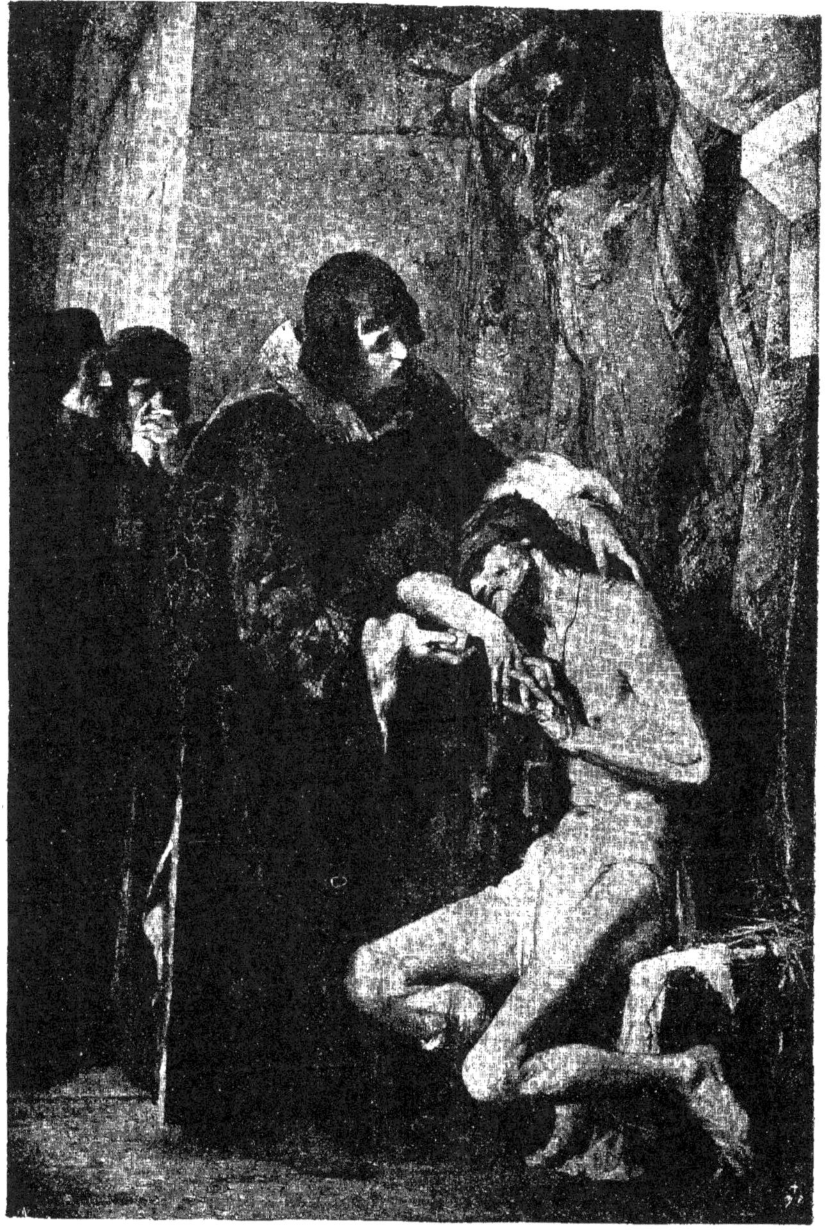

A. MAIGNAN : *Saint Louis et le lépreux*. (Petit Palais des Champs-Elysées.)

philosophe, cherchait dans la nature le cadre approprié aux états psychologiques. Un rayon crépusculaire frôlant les ruines d'un temple grec, l'orbe harmonieuse d'un golfe antique, suggéraient à l'imagination du spectateur quelque hymne lamartinienne et panthéiste.

Ménard, Simon, Dauchez, Cottet, toute

l'école bretonne ne limitaient pas leur effort artistique à la parfaite restitution du relief des choses : leurs paysages vivaient d'une âme invisible et humaine. Suivant la formule de Fromentin, ces peintres s'efforçaient d'exprimer l'invisible par le visible. Or, les procédés modernes avaient prouvé leur aptitude à discerner et peindre le visible. Ce que voyant, quelques artistes avisés pensèrent que l'impressionnisme s'accorderait à merveille avec certaines conditions particulières de lumière et de terrain : ce furent les orientalistes. Gagliardini, grâce à la rigueur divisionniste, atteignit au ton de la réalité en peignant les roches ardentes de l'Esterel baignées par la mer d'un bleu de plomb. Dinet, étudiant dans leur atmosphère les figures animées des modèles algériens, les pigmenta d'un arc-en-ciel savant qui mettait en évidence à merveille l'âme rudimentaire des Arabes et Kabyles; enfin, Rochegrosse put donner la vie à ses restitutions de l'Orient antique, moins par l'exactitude de son archéologie que par l'éclat de sa lumière. C'était l'exploitation, l'utilisation pratique de l'impressionnisme. Deux artistes hors de pair, par l'emploi judicieux du procédé, allaient tirer de lui le maximum de rendement expressif. Henri Martin, mystique et symboliste, tenta d'associer la division des tons avec les compositions eurythmiques et les vastes horizons clairs de Puvis de Chavannes. Les *Trois âges de la vie* présentent en trois tableaux une idylle virgilienne, un nocturne harmonieux, une géorgique ardente, et provoquent en nous cette émotion prenante et indécise qui nous gagne chaque fois que le retour des saisons vient accorder avec nos joies et nos peines l'aspect alterné de la physionomie des paysages. Or, cette édification morale était le fait de l'éclat, de la limpidité, de la puissance des couleurs — les verts et les bleus surtout, — de la profondeur des ombres portées. Par une experte adaptation,

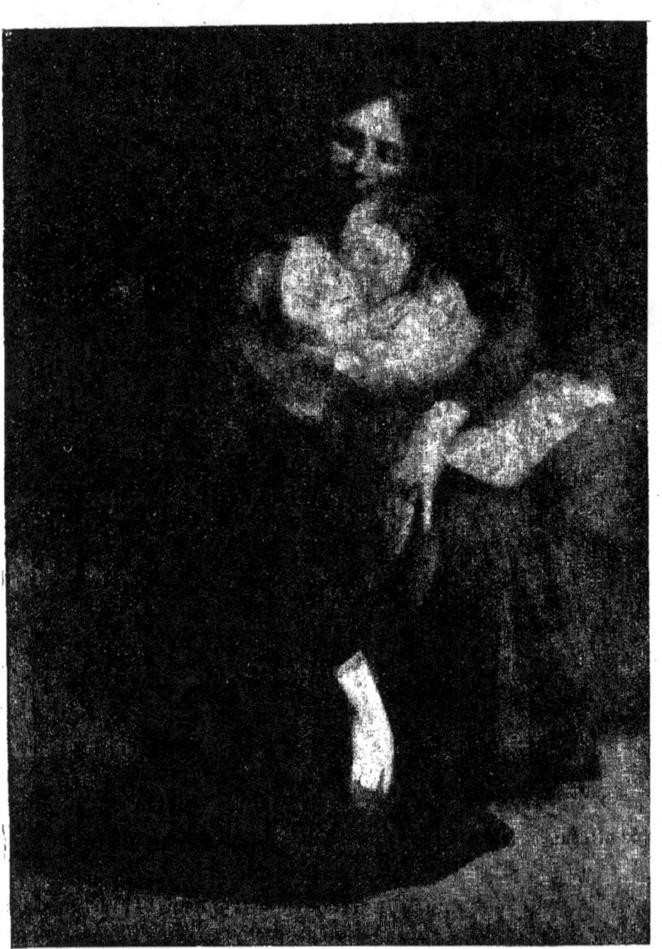

Phot. B. P.

CARRIÈRE : Intimité. (Musée du Luxembourg.)

M. Henri Martin avait su transformer le pointillisme théorique en un solide empâtement, pétrissant au lieu de les juxtaposer les touches colorées, et laissant subsister leur rapport.

M. Besnard, brillant élève de Cabanel, pensionnaire de la villa Médicis, portraitiste académique, converti en sa jeunesse à la doctrine de Manet, fut, un temps, l'ardent porte-drapeau de la révolution artistique : attitude difficile à garder ! Sa culture première lui suggéra des scrupules ; il tâcha que les fantaisies de sa palette ne fussent pas en excessive contradiction avec le bon sens, et il y employa la magie de son style. Ainsi, plaçant son modèle entre le jour cré-

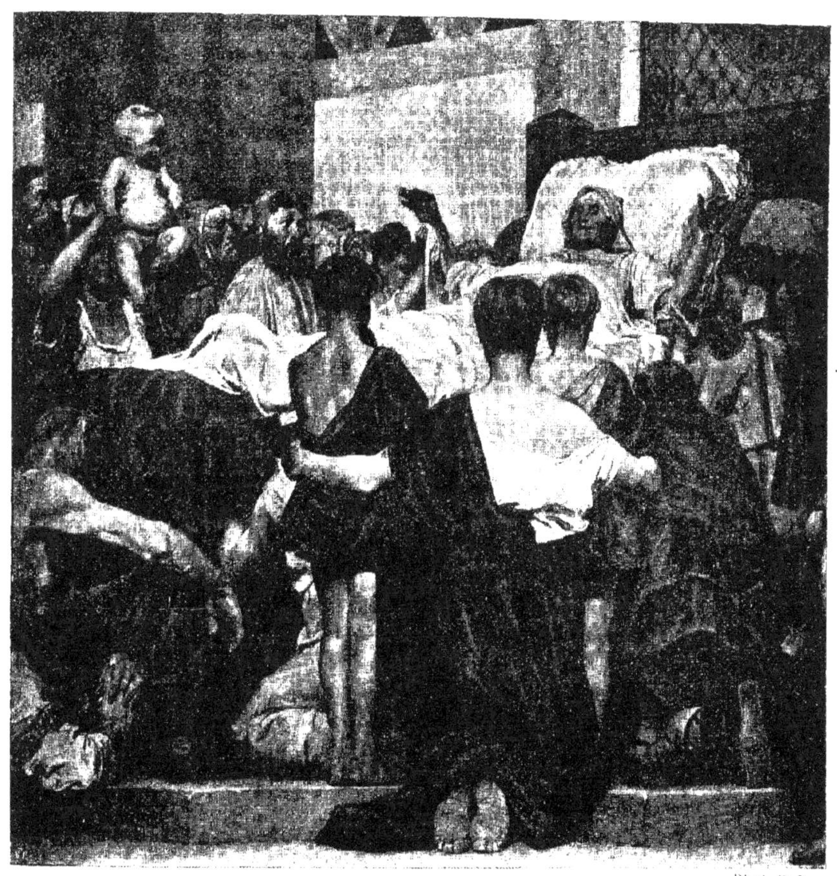

J.-P. LAURENS : *Mort de sainte Geneviève.* (Panthéon.)

Phot. B. P.

pusculaire tombant d'une fenêtre, la lumière d'une lampe et l'éclat d'un foyer de cheminée, il légitimait la bigarrure des reflets s'entre-croisant sur la hanche et l'épaule. Utilisant toute la valeur d'expression morale du procédé impressionniste, agrandissant et généralisant Degas, il conduit la nappe éclairante d'une rampe à gaz parmi la soie changeante d'une robe onduleuse. La lueur ardente et sèche frôle le modelé net et maquillé, la perruque rousse d'une comédienne ; et cet ensemble éclatant, artificiel, inconsistant, vaguement macabre....., c'est le *Portrait de théâtre.* La minutieuse analyse de la couleur lui fit comprendre et assimiler le style technique des maîtres anglais du xviiie siècle, excommuniés en France depuis Ingres. La pratique du plein-

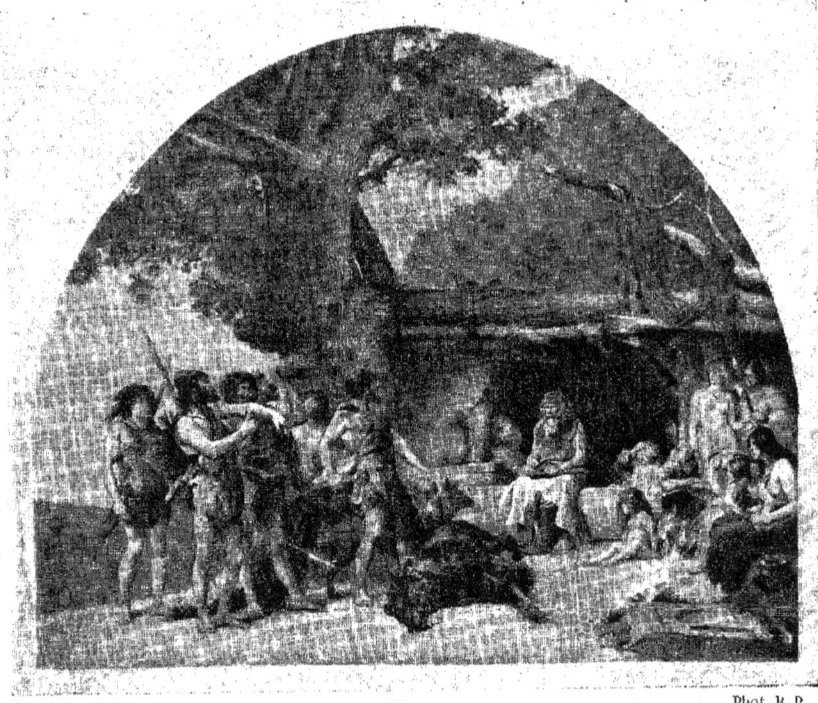

CORMON : *L'Age de la Pierre.* (Château de Saint-Germain-en-Laye.)

air, sa perspicacité naturelle et sa grande expérience technique créèrent en son cerveau une vision du monde extérieur non point cerné d'un sec profil, non point estompé dans un brouillard à tout faire, mais construit, établi suivant des masses associées moralement par la vie et unies dans la lumière diffuse à travers l'atmosphère. Ainsi, l'exactitude et la vérité de la composition, la sûreté des valeurs, tel fut le bénéfice que M. Besnard retira de son aventure parmi les révolutionnaires. Sa connaissance des traditions, sa virtuosité technique en furent comme illuminées ; le merveilleux alliage des qualités héritées et de l'acquis moderne lui ont permis de peindre des plafonds décoratifs très voisins des plus assurés chefs-d'œuvre de la Renaissance.

L'œuvre d'Eugène Carrière est nettement subjective ; elle vaut par la pensée qu'elle suggère autant que par l'objet qu'elle présente. Il a décrit l'enthousiasme orageux des foules au théâtre populaire ; l'âme de passion et de souffrance, l'esprit désemparé de Verlaine. Sa préoccupation constante, c'est la vie morale des humbles, la maternité avec sa gamme de joie et de douleurs, la vie de famille à tous les âges. Il a découvert une notation nouvelle qui n'est pas le mot, qui n'est pas le son, qui est à peine la couleur, grâce à laquelle il fait naître en nous le sentiment de la pitié. Et ce résultat moral est la conséquence d'un fait d'ordre exclusivement pictural, c'est l'étude minutieuse de l'atmosphère, de l'ambiance dans laquelle vivent, sentent et souffrent ses modèles habituels. C'est une pénombre opaque fort éloignée du clair-obscur si riche de Rembrandt ; mais, dans cette atmosphère de misère, une nappe lumineuse — on dirait le rayonnement de la vie intérieure — vient découper des plans, auréoler le front, mettre en évidence le trait saillant d'une physionomie ou les traits communs d'une famille, noyant l'inutile, le contingent. Quelques rais de lumière filtrant dans un grenier, des visages cireux baignant dans un air malsain, cette enveloppe dont les plein-airistes faisaient grand état....., et voilà plus d'émotions que n'en provoquèrent jamais Tassaert et Paul Delaroche.

Ainsi, l'impressionnisme, le plein-airisme, les doctrines révolutionnaires, avaient subi une étonnante aventure. Présentées par leurs auteurs comme des méthodes de conception et d'expression à portée générale, comme les formules artistiques d'un majestueux système philosophique, elles se trouvaient soudain dépouillées de ces prestigieuses prétentions, ramenées au rôle de procédé technique occasionnel de peinture, mais en même temps employées comme tel avec un prodigieux succès et exprimant avec éclat des pensées ou des sentiments fort éloignés de l'impassibilité scientifique à laquelle elles avaient d'abord visé. C'était mieux que l'adaptation, c'était la captation du système scientifique au bénéfice du tempérament artistique traditionnel. Et le phénomène s'accomplit si naturellement, de façon si définitive, que quiconque vers 1900 pratiquait la peinture et comptait moins de quarante-cinq ans, qu'il provînt de l'école bretonne ou des révolutionnaires assagis, considérait en toute sympathie et communion d'esprit l'œuvre de Besnard, Carrière, Dauchez, Cottet, Simon ou Henri Martin. La « Société nouvelle » fut le cénacle de ce parti de concentration. On y vit Thaulow, virtuose de la tache colorée ; Baertsoen, excellent traducteur des canaux de Gand et des lourds ciels d'hiver flamands ; le Sidaner, chez qui l'enveloppe atmosphérique légère, les tonalités claires étaient habilement relevées d'un discret pointillisme ; Prinet, intimiste expert à rendre la physionomie d'un intérieur, à en donner le portrait ; Lobre, peintre habituel de la grandeur mélancolique éparse parmi les salles vides du palais de Versailles ; et Duhem, et Brangwyn, Vail,

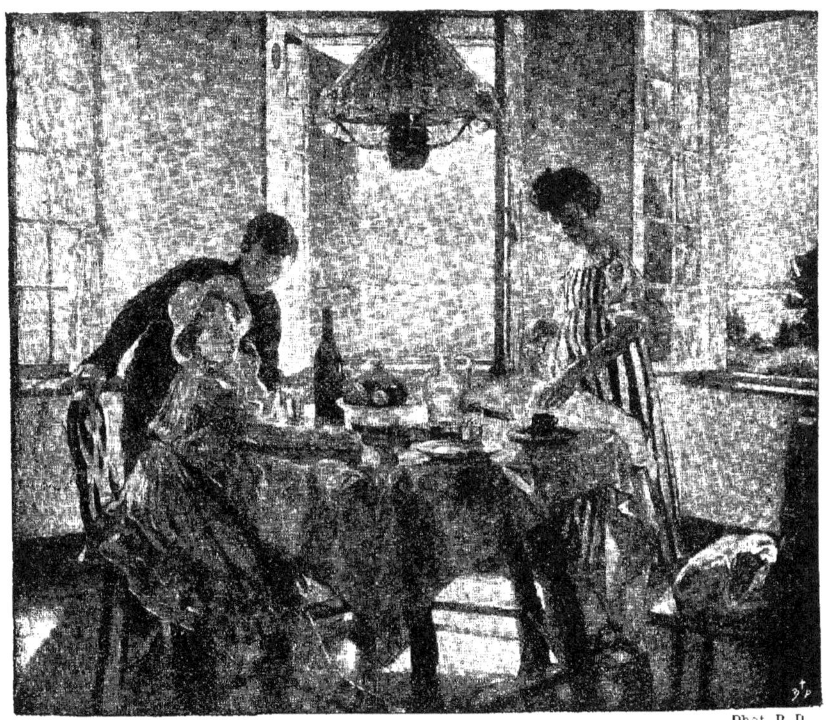

Phot. B. P.

Simon : Collation. (Salon de 1909.)

Ulmann, Claus. En dehors des directions officielles, une unité de doctrine, un groupement homogène se constituait, entraînant après soi toute manifestation de la vie artistique française.

Par ailleurs, la résistance fléchissait chez les adversaires. Finie l'époque où Gérôme, accablant la peinture impressionniste, l'appelait « la honte de l'art français »! On n'osait plus proclamer les principes naturels et imprescriptibles des arts plastiques, les règles immuables basées sur la raison et sur le testament de David revu par Ingres. L'Institut s'ouvrait à cet esprit nouveau, compréhensif, conciliant, appuyé sur la tradition française élargie. On pouvait causer avec la « Société nouvelle ». Un Jean-Paul Laurens, rebuté par le sectarisme impressionniste, s'approche et s'intéresse aux fines analyses de couleur et d'atmosphère : il peint *les Hommes du Saint-Office* et maint ensemble décoratif. Cormon, fermant la porte de son atelier officiel, étudie au grand air et dans la lumière directe les interprètes de ses scènes de la préhistoire. Albert Maignan et de Richemond peignent le clair-obscur des grands halls peuplés de visions d'art, ou des mansardes illuminées par la vie du sentiment. Humbert, utilisant les tons froids et clairs, situant ses personnages à l'orée d'un jardin de style ou d'un paysage apprêté, retrouve l'agrément délicat des portraits anglais du xviiie siècle. Detaille, enfin, d'abord anecdotier de mérite, devint, par la grâce nouvelle, peintre de l'héroïsme collectif, peintre d'histoire. Son maître, Meissonier, lui avait enseigné le souci scrupuleux du détail caractéristique et les pratiques par quoi l'on arrive à dessiner un soldat impeccable; Detaille à cet enseignement ajouta tout le feu de l'émotion patriotique. Néanmoins, en dépit de cette science et de cette élévation morale, on ne sait quelle froideur arrêtait sa composition, glaçait la furie des charges et des défilés : de Neuville, mort trop tôt, n'avait pu lui transmettre le secret de peindre une foule avec sa physionomie complexe et mobile. La foule de Detaille était une juxtaposition d'individus, elle manœuvrait en

ordre serré : telle est la cause de ce sentiment de satisfaction incomplète que nous laisse *le Rêve* ou *la Sortie de Huningue*. Mais du jour où l'artiste déploya ses escadrons et ses masses d'infanterie au grand soleil qui évapore les tons violents, au grand air qui atténue les détails et fond les lointains, la découverte féconde fut opérée : *la Course à la gloire* marqua la première tentative; comparez maintenant *l'Enterrement du général Damrémont* ou *le 29 juillet 1830*, toiles de fin de carrière, à telle œuvre de début, et vous sentirez la portée pratique de cette évolution intellectuelle accomplie par Detaille dans les dernières années de sa vie.

Ainsi, rejetant le poids mort de certaines conventions indûment annexées à la tradition, les détenteurs de l'académisme officiel adhéraient dans une notable mesure au mouvement du début du xxe siècle. Dans le même temps, du reste, celui-ci s'élargissait et se diversifiait. Chaque siècle admire pour des raisons particulières les maîtres d'autrefois, cherchant en eux quelques-uns des caractères qu'il porte en soi. Le souci de la lumière et de l'atmosphère provoqua chez les Français des motifs nouveaux d'admirer des peintres déjà célèbres. On redécouvrit Rembrandt. En découronnant son œuvre de toute intention intellectuelle et de tout parti pris philosophique, en l'examinant sous le seul point de vue de la manière de peindre, du style — qui est l'homme même, — on découvrit chez le grand Hollandais du xviie siècle l'exacte mise en pratique des enseignements modernes sur la diffusion de la lumière. Même expérience pour Téniers et Van Ostade. Et si les artistes du siècle présent reçurent un précieux réconfort en accueillant ces illustres témoignages, ils purent formuler un acte de philosophique humilité, en songeant qu'il n'avait pas fallu moins de trois cents années de progrès et d'effort pour fonder une manière de regarder et de peindre que des peintres du xviie siècle avaient appliquée spontanément, par le seul effet d'un heureux tempérament artistique. Le même ordre d'étude mit en faveur les Anglais et les Espagnols. Le goût du public s'étant porté vers l'art primitif, les peintres s'engagèrent dans cette direction. Par une alliance surprenante de la culture historique avec le sentiment religieux et la témérité artistique, les plus modernes mystiques relevèrent la tradition d'art religieux qui lie Giotto à Ingres et à Puvis de Chavannes. La pensée moderne rencontrait dans le passé toute une série d'expressions picturales qu'elle vivifiait en se les associant. Ce début du xxe siècle a vu naître les synthèses partielles et heureuses : renaissance anglaise et anglo-saxonne, espagnole, mystique.

À la suite de Whistler, Alexander, Lorimer recommencèrent, puis prolongèrent Manet; mais ils lui ajoutèrent du goût, une grande expérience technique et la mentalité anglaise : il arriva — fortune singulière — que cet aspect nouveau que revêtit la peinture britannique sembla couronner l'évolution sociale accomplie par ce pays au xixe siècle. De Wellington à Lloyd George, l'Angleterre aristocratique et parlementaire a pris physionomie de société démocratique à façade monarchique et enfiévrée d'impérialisme. Le xviiie siècle avait créé un incomparable type artistique anglais : les peintres modernes firent poser les petits-fils des modèles de Reynolds, de Gainsborough, et la palette de Whistler ou de Lorimer les revêtit de kaki, de blanc, de velours taupe ou de leggings fauves. Lavery compose des portraits éclatants de lumière et de vie avec du noir, du gris, du blanc, et le visage le plus aristocratiquement racé du Royaume-Uni. C'est un Français, M. J.-E. Blanche, qui a le mieux compris et mis en évidence cette adaptation moderne de la tradition anglaise. Moderne, certes, car il a vu, sous ses yeux, travailler Manet, Degas, Whistler, Fantin-Latour, et il a recueilli leur enseignement direct. Par ailleurs, très averti de tout ce qui touche à sa profession, esprit de large culture, il n'est jamais surpris par les audaces révolutionnaires. Sa connaissance de l'histoire technique lui montre les précédents, les origines, la portée des cas similaires : aussi nul, dans la génération moderne, n'était mieux préparé au rôle de modérateur et d'adaptateur de l'art insurrectionnel : il écrivit dans cet esprit quelques articles sur les grands services que l'impressionnisme pourrait retirer de l'Ecole de Rome. Ainsi bâti et s'étant appliqué à l'étude des peintres du passé britannique, il songea qu'il n'était pas suffisant qu'un portrait anglais du xxe siècle évoquât le souvenir des contemporains de George III, pour que cet acte

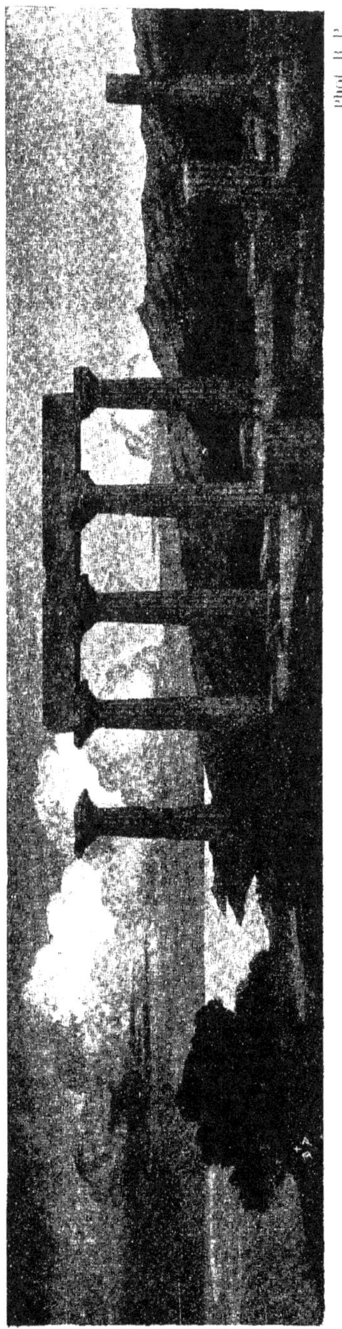

RENÉ MÉNARD : Terre antique. (Salon de 1906.)

moderne contînt tout le recul que comporte une expression d'art national. Très loin derrière Whistler, il voulut faire surgir le nom de Van Dyck, maître et fondateur de l'école. Et voilà comment un lord, une « dowager », peints par Jacques-Emile Blanche, se présentent comme une sorte de synthèse sociale, pendant que le style de l'auteur semble l'aboutissement régulier d'une longue tradition technique issue des somptuosités flamandes et s'exprimant dans l'éclat contenu de l'austérité contemporaine. Aucun peintre — sauf Besnard — ne donne au même degré l'impression immédiate de la maîtrise, par l'aisance et la spontanéité de la facture.

Un courant d'opinion néo-romantique et la grande influence de M. Maurice Barrès avaient attiré vers l'Espagne la curiosité des lettrés. Mais l'Espagne qui retint leur attention ne fut point celle qu'on peut imaginer d'après le témoignage des Murillo populaires ou de l'académiste Ribera. (Et de celui-là, du reste, nous n'avions rien à apprendre, après avoir vu Ribot et Roybet.) Ce fut la terre ardente de la croisade perpétuelle, de la race idéaliste et brutale peinte par le Greco ; ce fut aussi le pays qui, au début du siècle, offrit ce spectacle shakespearien de la honte sur le trône et de l'héroïsme dans la nation, le pays de Goya. Manet avait puisé sans discrétion chez Goya : restait à

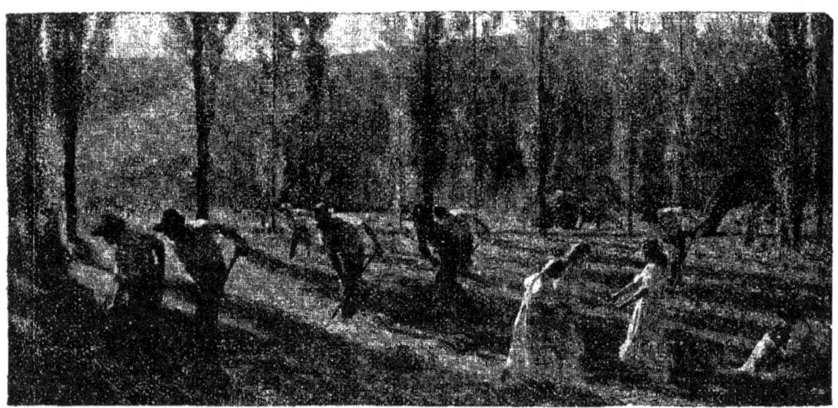

HENRI MARTIN : *Les Faucheurs*. (Capitole de Toulouse.)

moderniser Greco, et ce fut l'œuvre de M. Zuloaga. Celui-ci a retrouvé dans la Véga, entre Ségovie, Valladolid et Tolède, les mendiants épiques et les brutes mystiques antérieures à don Quijote de la Manja. Et c'est un défilé de toreros glabres et solennels, de vieillards bibliques, de duègnes aux cheveux de neige et de majas coquettes et fardées : tous ces personnages exhibent en sincère inconscience leurs tempéraments frustes et impulsifs projetés sur le monde extérieur comme des ombres chinoises. Voilà l'héritage de Theotocopuli. Le style, c'est du Manet supérieur : peinture d'une extrême simplicité d'exécution, pâte plate et souple, peu chargée ; tons juxta-

posés sans transition, de façon à laisser toute leur valeur aux contrastes ; et, sur ces plans sobres éclate soudain le point lumineux d'un bijou, simple touche claire de matière plus forte.

Cette esquisse de revue circulaire à travers les motifs d'inspiration ne saurait passer sous silence la plus surprenante des renaissances modernes, la renaissance religieuse. M. Maurice Denis, le plus connu de ses initiateurs, semble, par une synthèse linéaire de plus en plus rigoureuse, une précision croissante dans la pureté et la « luminosité » du ton, avoir fait à rebours le chemin parcouru par l'art de peindre depuis Giotto : c'est donc un primitif voulu,

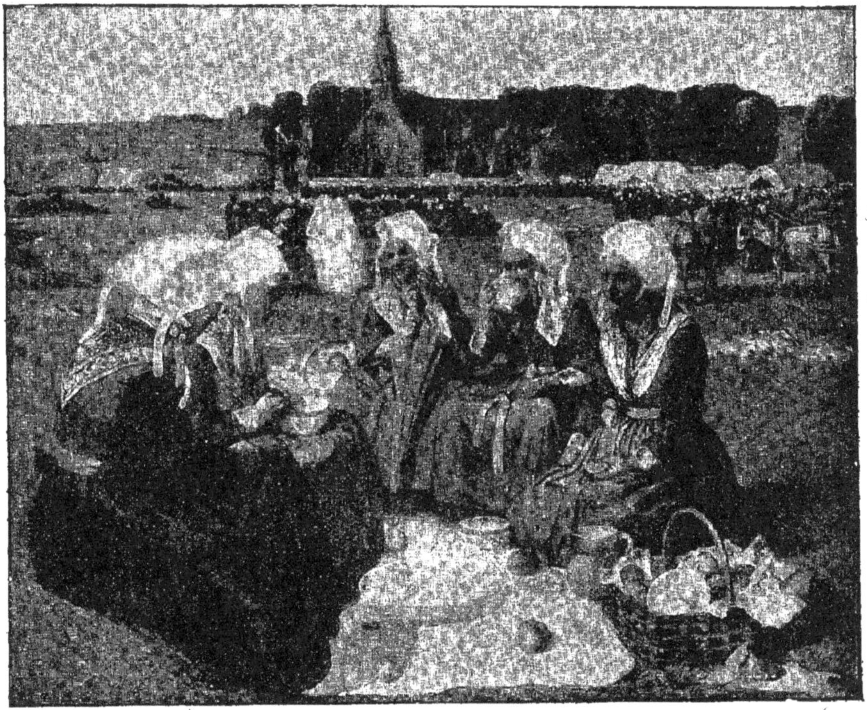

Cottet : *Pardon de Sainte-Anne*. (Salon de 1904).

réfléchi. Par ailleurs, son tempérament mystique rencontrait dans l'étude de l'art et de la pensée catholique du xiv° siècle un merveilleux motif de développement. Maurice Denis a renforcé de l'acquis de cinq siècles la foi et la culture artistique d'un fidèle d'Assise, tout en s'efforçant de garder la ferveur et la simplicité de la légende dorée. Du reste, la renaissance religieuse dans le domaine plastique paraît appelée à un tel développement, qu'on ne saurait dès aujourd'hui risquer une conclusion.

Dans le temps et dans l'espace, la curiosité intellectuelle des peintres modernes a tout exploré. Ils ont filtré le soleil, analysé la couleur, décomposé l'atmosphère, étudié les éléments de la vérité artistique sous toutes les latitudes. Ils ont entrepris, si l'on peut dire, une édition nouvelle des maîtres déjà illustres en fonction du point de vue pictural moderne, et ils ont relevé dans la vie quotidienne les formes posthumes de leur

caractère. L'outillage technique est au point, la documentation générale au complet. Tous les points de vue d'où l'œil et la pensée humaine peuvent envisager le monde picturable ont été successivement abordés, et le catalogue des artistes a été dressé d'après cette répartition.

Et quel bénéfice appréciable a cette débauche d'érudition où l'art, à tout prendre, occupe peu de place? Le bénéfice, il est double. C'est d'abord celui que comporte tout enseignement historique : en mettant chacun à sa date dans l'évolution artistique générale, elle a montré les filiations obscures établies par le lien des tempéraments et constituant les mille traditions diverses dont se compose *la* tradition. Ainsi, un peintre, quel que soit le parti pris dont il procède, trouvera bien vite tous les ancêtres auxquels il s'apparente. Ce plein-airiste, loin derrière Roll et Raffaëlli, ira saluer Moreau, Turner, Le Lorrain; cet impressionniste reconnaîtra pour guides Delacroix, Watteau, Rubens, voire Mantegna.

Est-il si nécessaire qu'un peintre soit à ce point généalogiste et qu'il puisse établir sa propre fiche d'hérédité? Il est indispensable qu'un artiste doué puisse connaître la lignée d'artistes dans laquelle la nature l'a encadré, afin de résister à la domestication des Académies, afin de sentir la tradition dont il relève, pour pouvoir éliminer les conventions adventices qui s'y sont substituées. C'est grâce à la culture historico-artistique que des téméraires comme Maurice Denis ou J.-E. Blanche ont retrouvé leurs ancêtres intellectuels et techniques, le sens de leur propre développement, et conquis une consciente originalité et maîtrise de caractère. Cent ans plus tôt, leurs heureuses qualités les eussent condamnés à subir la seule impulsion existante : celle du ministère de l'Instruction publique, des Beaux-Arts et des Cultes.

Mais, par-dessus tout, la formation moderne peut permettre, à l'occasion, d'éviter la désastreuse alternance des révolutions et contre-révolutions; elle dispose les esprits à reconnaître les points d'équilibre, les moments classiques. Qu'on imagine *la Barque du Dante* présentée devant une critique familiarisée avec la peinture vénitienne et flamande; *Olympia* exposée aux yeux d'un public connaissant la peinture espagnole, Goya et la *maja desnuda;* les premiers tableaux impressionnistes offerts à des amateurs ayant examiné de près Turner et les coloristes de toute époque!..... Ce qu'on y eût gagné? C'est d'abord l'économie du scandale, des proclamations iconoclastes des « barbares » et des vengeances stériles des officiels. C'est surtout le prompt établissement d'un jugement raisonnable et assez rapproché de la vérité, le départ s'opérant de soi-même, chez des esprits avertis, entre les emprunts directs au passé, l'originalité réelle et l'inexpérience technique. C'est enfin l'incorporation rapide de l'apport nouveau à l'acquis héréditaire.

Que si l'on trouve excessif d'exiger du public une telle aptitude critique, on conviendra du moins qu'un peintre a tout à y

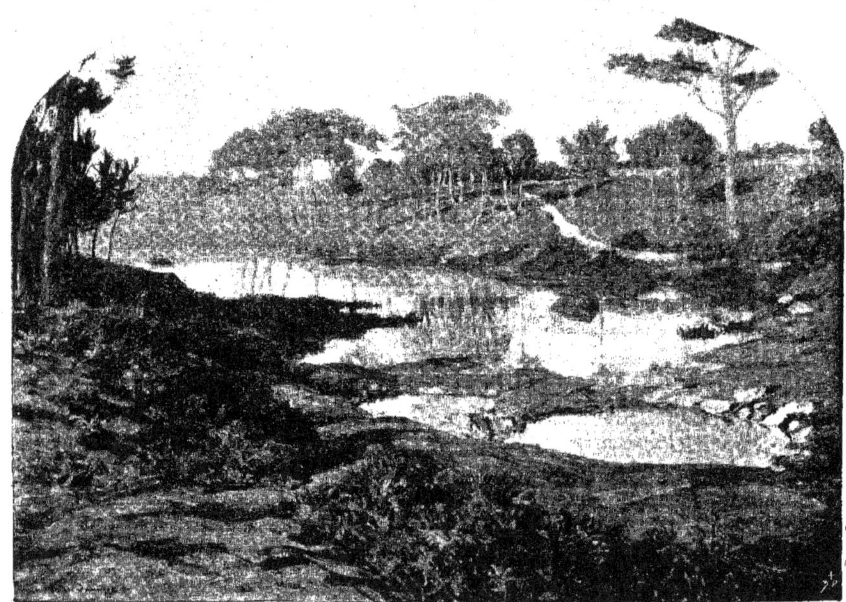

DAUCHEZ : *Le Croajou.* (Salon de 1909.)

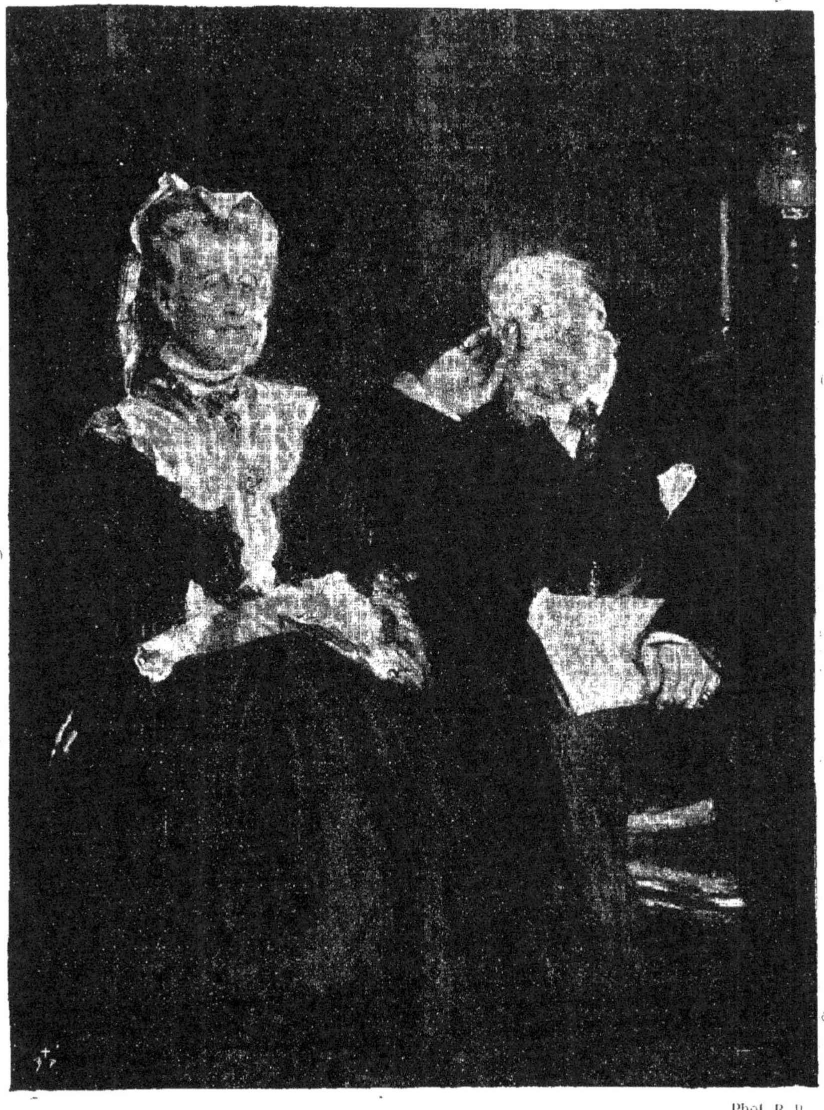

Phot. B. P.

J. BLANCHE : *L'Anniversaire.* (Salon de 1910.)

gagner. Il est parfaitement invraisemblable d'espérer rencontrer au xxᵉ siècle un artiste qui produise la beauté par fonction spontanée, comme une force de la nature et agissant sous l'action de son « démon ». Le cerveau d'un artiste est comme la terre emblavée des campagnes. Tous deux comportent une part variable de fertilité naturelle et une part considérable de fécondité acquise par accumulation lointaine d'efforts. Le peintre aura pour premier devoir de se donner la conscience nette de sa personnalité artistique; et ceci fait, guidé par sa tradition, il pourra choisir parmi l'infinie variété des moyens d'expression que les expériences récentes mettent à sa disposition. Ainsi, son œuvre, d'un modernisme approprié, apparaîtra comme le résultat présent et visible d'un long passé latent. Cet accord entre une conscience intellectuelle fondée sur la culture séculaire et un outillage comportant la perfection technique de la vie présente, c'est proprement, à notre sens, la mentalité classique de l'artiste.

Incontestablement, nombre de peintres contemporains sont arrivés à ce point d'équilibre. Ils s'y maintiendront vraisemblablement; mais si la force des choses opère dans le sens qu'elle a jusqu'à ce jour suivi en histoire, on peut croire que l'art français y persistera peu de temps. Cottet, Besnard, Blanche, Dauchez, Simon, Maurice Denis, par réflexion, par étude, surtout par l'effet d'un heureux tempérament, sont arrivés à une forme d'art momentanément définitive, parce qu'elle correspond à la fois à la « vis imperativa » qui les contraint à

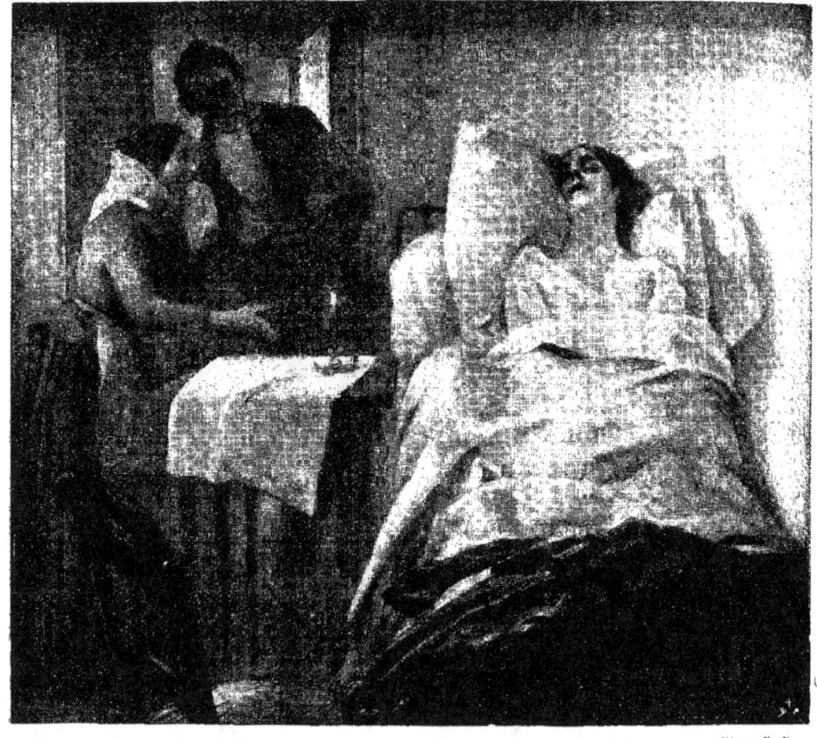

Phot..B. P.

A. BESNARD : *La Morte.* (Musée du Luxembourg.)

peindre, et à l'aspiration instinctive du public. Soyez persuadé que, de cette forme d'art, la génération qui monte fera une formule d'art. La beauté permanente de l'œuvre des maîtres, elle en cherchera le secret dans des repères, des coïncidences, des habitudes de style. Et il se présentera quelques législateurs pour codifier des règles; et l'on aura des sous-multiples de Besnard et de Maurice Denis, comme, après Corneille et Racine, il fallut entendre Voltaire et Crébillon!.....

Et à ce point précis, la révolution éclatera!

Au seuil de 1914, existe-t-il encore en France des orthodoxes de l'impressionnisme et des dévots du pur académisme? La seconde catégorie comprend quelques octogénaires courbés par les honneurs officiels; la première cherche à se constituer à nouveau. En supprimant tout élément de

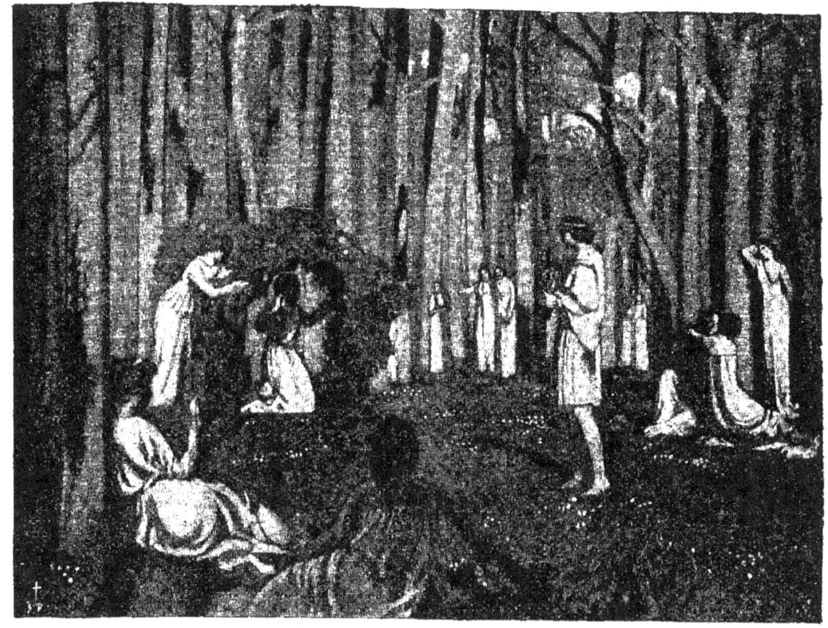

MAURICE DENIS : *Orphée*. (Salon de 1910.)

construction objectif, en plaçant dans la sensation individuelle le principe de toute création artistique, les législateurs révolutionnaires avaient condamné leurs disciples à l'éparpillement, à l'anarchie : ceux-ci n'y manquèrent pas. Pourtant, quelques tard-venus cherchant à se ressaisir, à fixer et prolonger la doctrine désuète : c'est le néo-impressionnisme. Mais le livre que M. Signac consacre à cette arrière-garde, malgré la finesse précise de sa critique historico-artistique, révèle la stagnation, le tarissement. Est-donc la faillite d'un dogme ?

Les prophètes de la période d'assaut s'accordaient une énorme importance, moins pour leur talent pictural, qui était éloigné de leur idéal, que pour le flux d'idées nouvelles qu'ils avaient projeté dans l'esprit public, et parce qu'ils se croyaient les promoteurs d'une véritable renaissance. Ils prétendaient fonder une méthode générale et scientifique propre à surprendre, pour ainsi dire, la vie en flagrant délit et à la fixer sur la toile. Cinquante années de recul montrent clairement toute l'étendue de leur présomption, mais aussi toute la fécondité de leur apport dans l'acquis artistique. Brunetière, définissant l'action du positivisme sur l'évolution intellectuelle, soulignait la puissance de ce système comme instrument occasionnel de recherche, encore qu'il eût failli à sa prétention d'être une sorte de jaillissement nouveau de la pensée. De même en est-il de nos révolutionnaires de la palette : « Si on achetait les hommes ce qu'ils valent et si on les revendait ce qu'ils s'estiment..... » Or, les nôtres valent beaucoup ! Et d'abord, ils ont peint quelques incontestables chefs-d'œuvre ; mais, surtout, ce sont eux qui ont donné la plus exacte expression artistique de la pensée contemporaine. Ils ont ressuscité ce principe oublié depuis la Renaissance : que l'âme du tableau réside dans la lumière, que la couleur est un cas particulier, un moment de la lumière ; ils ont fourni les moyens de fixer l'éclat de cette lumière et cherché ceux d'en exprimer l'ondoiement et la diversité. Et cet enseignement, débarrassé de tout battage scientifique, de toute éloquence vaticinatoire, s'est incorporé à l'éducation picturale contemporaine de façon si définitive, que ses hardiesses de jadis nous semblent presque des banalités. Allez voir une exposition de Manet, de Monet, de Renoir; certes, ils ne paraissent pas révolutionnaires, mais vieux, hésitants, presque des personnages historiques, des fondateurs mal assurés. Après cela on leur reprochera de n'avoir pas fait surgir un tempérament de coloriste instinctif, de peintre-né! Il faut pourtant laisser quelque chose à faire à la Providence : mais le jour où ce peintre naîtra, grâce aux travaux des maîtres de la fin du xixᵉ siècle, il n'aura rien à chercher comme méthode et instrument d'expression.

Donc, rendons-leur hommage; à Manet, à Renoir, à Whistler, pères de l'art anglo-saxon; à Monet, à Sisley, auteurs de la filiation des paysagistes contemporains; à Bonnard, à Gauguin, qui ont permis l'existence de Maurice Denis. Sachons-leur gré d'avoir triomphé là où échouèrent jadis les maîtres sans disciples, Watteau, Delacroix; d'avoir dissipé le malentendu intellectuel qui opprimait le développement des arts plastiques et imposé cette vérité évidente, mais jusqu'alors combattue, que la peinture procède avant tout d'une sensation visuelle, comme la musique d'une sensation auditive..... et que le reste est littérature. Surtout, sachons-leur gré d'avoir préparé l'éclosion d'une mentalité artistique qui, en apportant à la culture traditionnelle française des qualités que celle-ci avait laissé périmer, a permis, grâce à l'harmonieuse homogénéité de leur union, l'avènement du classicisme artistique contemporain.

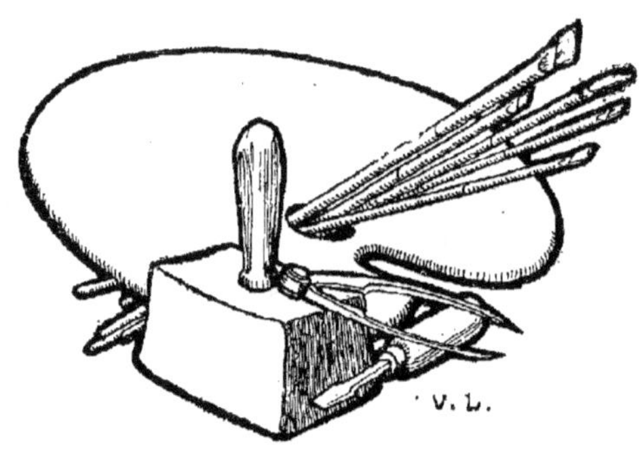

TABLE DES MATIÈRES

1186-14. — Imprimerie P. Feron-Vrau, 3 et 5, rue Bayard, Paris, 8e.